Mein Börsenhandbuch

Vom Börsenneuling zum erfolgreichen Investor

Florian Stanlein

©2020 Florian Stanlein
Herrlinghausen 5a
D-42929 Wermelskirchen

Alle Rechte, insbesondere das Recht der Vervielfältigung und Verbreitung sowie der Übersetzung, vorbehalten. Kein Teil des Werkes darf in irgendeiner Form (durch Fotokopie, Mikrofilm oder ein anderes Verfahren) ohne schriftliche Genehmigung des Herausgebers reproduziert oder unter Verwendung elektronischer Systeme gespeichert, verarbeitet, vervielfältigt oder verbreitet werden.

Verlag: Independently published (Florian Stanlein)
Covergestaltung unter Verwendung von Stockbildern:
New York Stock Exchange: Matej Kastelic @ Shutterstock
Bulle: Spinel @ Shutterstock

ISBN Taschenbuch 9798697773000
ISBN Hardcover 9798750428144

Bei Fragen oder Anregungen schreiben Sie gerne eine E-Mail an: meinboersenhandbuch@gmail.com.

Für wertvollen Austausch und weitere Aspekte des Investierens folgen Sie mir gerne auf Facebook und Instagram unter florianstanlein.

Rechtlicher Hinweis

Dieses Buch will keine spezifischen Anlageempfehlungen geben und enthält lediglich allgemeine Hinweise. Autor, Herausgeber und zitierte Quellen haften nicht für etwaige Verluste, die aufgrund der Umsetzung Ihrer Gedanken und Ideen entstehen.

4

Inhaltsverzeichnis

1 Grundlagen   11

2 Das Orakel von Omaha   23

3 Diversifiziertes vs. konzentriertes Portfolio   29

4 Steuer auf Kapitalerträge   37

5 Wie funktioniert der Handel an der Börse?   41

6 Exkurs Charttechnik   45

7 Vorzüge der langfristigen Geldanlage   59

8 Emotionen beim Investieren   63

9 Exkurs Rechnungslegung   71

10 Die zwölf Business Principles   83

11 Value Investing   99

Einleitung

Wir feierten den Geburtstag meines Vaters und im Laufe des Abends fand ich heraus, wie wenig meine mittlerweile promovierte Schwester über die Börse und Finanzthemen allgemein wusste. Als ihr großer Bruder mit einer finanzwirtschaftlichen Affinität, sah ich mich in der Pflicht, ihr diese Themen näher zu bringen. Ich versprach ihr, auf absehbare Zeit täglich eine WhatsApp-Nachricht mit einer kleinen Weisheit zu finanziellen Themen zuzuschicken.

Relativ schnell fanden meine Nachrichten großen Zuspruch und zogen weitere Leser an. Meine Schwester las die „Börsenweisheit des Tages" jeden Morgen ihrem Freund beim Frühstück vor. So wurde er zum Leser Nr. 2. Ich bildete eine WhatsApp-Gruppe, in die dann auch mein Vater eintrat und nicht zuletzt meine Ehefrau, der ich viel zu verdanken habe. Sie kommt aus einer Unternehmer-Familie und hat mit einem abgeschlossenen Betriebswirtschaftsstudium ebenfalls ein gutes Verständnis für unternehmerische Themen. Mit ihr konnte ich Sichtweisen austauschen und mich dadurch ständig weiterentwickeln.

Zu meiner Person: Im Alter von 17 und 18 Jahren erlebte ich die Finanzkrise 2007 und 2008 mit. Intuitiv richtig wollte ich 2009 Aktien kaufen als die Kurse niedrig waren. Mein Vater ging mit mir zu meinem „Bankberater"[1]. Ich wurde über Kosten und Risiken aufgeklärt. Als Jugendlicher, der regelmäßig nur sein Taschengeld und Verdienste aus Nachhilfetätigkeit angespart hatte, hatte ich natürlich keine großen Summen zur Geldanlage zur Verfügung. Damals hätte

---

[1] Bankberater ist in Anführungszeichen geschrieben, weil es sich nicht zwingend um Berater handelt. Sie handeln meist im Interesse der Bank, die sie anstellt. Sie verkaufen Produkte. Warren Buffett drückte es so aus: Frage nicht deinen Friseur, ob du einen Haarschnitt brauchst. (vgl. Buffett, Warren (2010): Brief an die Aktionäre von Berkshire Hathaway 2009, https://www.berkshirehathaway.com/letters/2009ltr.pdf, 24.07.2020)

der Kauf einer Aktie bei meiner Hausbank 40 € gekostet. Ziemlich abschreckend für mich, da ich nur kleine Summen investieren wollte. Es hätte sich trotzdem gelohnt, denn ich hatte mir schon ein paar Aktien ausgesucht, die im Nachhinein betrachtet, sich gut entwickelt haben. Allerdings hätte ich damals, um ehrlich zu sein, nicht gewusst, was ich da genau tue und zudem ist es fraglich, ob ich die Aktien wirklich bis heute gehalten hätte. Ich entschied mich also damals gegen den Kauf von Aktien. Das ändert nichts daran, dass mich das Thema schon früh interessiert hat.

2014 – erst im Alter von 24 Jahren kaufte ich dann doch meine erste Aktie. Rückblickend muss ich sagen: Auch da wusste ich nicht genau, was ich da mache. Ich versuchte, Gewinne mitzunehmen und tiefer wieder einzusteigen. Später las ich Bücher über Börsenerfolg, Trading-Strategien, etc. Ein Buch vermittelte mir als einzige, aber nicht unwichtige Lehre, dass Börsenerfolg im Kopf beginnt.[2] Aber mir fehlte es an konkreten Handlungsempfehlungen. Als studierter Mathematiker möchte ich verstehen, wie etwas funktioniert. Ich bin gewillt, die Hintergründe zu verstehen und deshalb habe ich mir verschiedene Analysemethoden angeeignet. So war ich weiter auf der Suche nach der richtigen Anlage-Philosophie – eine, die zu mir passt. Ich bastelte mir ein Excel-Tool, um allgemein anerkannte Trading-Strategien einem Backtest zu unterziehen. Ich habe also untersucht, wie gut diese Strategien in der Vergangenheit funktioniert hätten. Der Begriff Backtest kommt also aus dem Englischen. Es hat nichts mit dem deutschen Backtest zu tun, bei dem mit einem Zahnstocher in den Kuchen gestochen wird, um zu testen, ob der Kuchen durchgebacken ist. Anschließend besuchte ich die World of Trading – eine Messe in Frankfurt am Main, deren Titel keiner näheren Erläuterung bedarf. Zum Glück befanden wir uns in der längsten Hausse[3] aller Zeiten. Meine ersten Schritte auf dem Börsenparkett hätten sonst ganz anders ausgehen können. Somit war es nicht zu spät für einen Neustart, denn mehr und mehr erkannte ich, dass man bestenfalls Geld damit verdienen konnte, aber es wäre meiner Meinung nach niemals möglich gewesen, damit strategisch eine Outperformance[4] gegenüber dem

---

[2] vgl. Vittner, Thomas und Fritsch, Andreas (2012): *Börsenerfolg beginnt im Kopf*, 1. Auflage, Kulmbach: Börsenbuchverlag

[3] Als Hausse bezeichnet man einen Bullenmarkt, d.h. ein Marktumfeld, in dem die Kurse steigen. Das Gegenteil ist eine Baisse oder Bärenmarkt.

[4] Wenn man beispielsweise durch den Kauf von Einzeltiteln eine bessere Performance erzielt als ein Vergleichsindex, spricht man von einer Outperformance

Einleitung

Markt zu erzielen. Somit wäre es den Aufwand nicht wert gewesen. Ich hätte einen kostengünstigen Index-Fonds oder ETF kaufen und die Zeit für mich arbeiten lassen können.

Für viele Menschen ist das vermutlich auch die beste Anlage-Strategie, aber Menschen neigen zu Aktionismus und so stieß ich auf die Anlage-Philosophie von Warren E. Buffett – der war mir natürlich auch vorher schon ein Begriff. Ich las sehr viel, was über ihn oder von ihm geschrieben wurde. Immer wenn mir ein Artikel über ihn in die Hände fiel, blieb ich daran hängen. Je mehr ich las, umso vertrauter wurde mir die Person. Ich mochte seinen Humor und seine Art wichtige Aussagen in Bildern auszudrücken und das Wichtigste: ich kann mich mit seinem Anlagestil identifizieren, weil seine Thesen Sinn für mich ergeben. In den folgenden sehr lehrreichen Jahren - nicht, dass ich Lehrgeld in Form von Aktienverlusten bezahlen musste - habe ich dort den Grundstein für mein weiteres Handeln an der Börse gelegt. Ich begann, langfristig zu denken und mich mit den Unternehmen, deren Aktien ich kaufte, auseinander zu setzen. Ich begann, mich auf einen Börsencrash zu freuen, was der Alptraum vieler Anleger ist. Wenn man jedoch langfristig denkt und beispielsweise wie ich plant, seine Aktien mindestens bis zur Rente zu behalten, legt man erstens kein Geld an, das man in naher Zukunft brauchen könnte und zweitens freut man sich über fallende Kurse, weil sich in der Regel großartige Investmentmöglichkeiten auftun. Man sollte für sich akzeptieren: Reich werden an der Börse ist kein Sprint, sondern ein Marathon. Man sollte jedoch nicht davon ausgehen, dass es nur während eines Börsencrashs gute Investmentmöglichkeiten gibt, oder dass in einer solchen Situation alle Aktien zu attraktiven Preisen gehandelt werden - das ist definitiv nicht der Fall. Die Wahrscheinlichkeit, attraktive Investments zu finden, steigt jedoch enorm.

Die Form, wie ich meiner Schwester die Inhalte zu finanziellen Themen näher gebracht habe, möchte ich beibehalten, sodass ich auch hier Börsenweisheiten des Tages formulieren werde. So kannst du dir als Leser dieses Buches in 65 Tagen den Grundstein für dein weiteres Investmentverhalten legen. Dieses Buch soll dich auf der Suche nach deiner eigenen Anlagephilosophie begleiten. Gleichzeitig soll es dir ermöglichen, jedes andere Buch zum Thema Aktien lesen und verstehen zu können. Aufgrund der Kürze dieses Buchs, auf die ich persönlich Wert lege, da ich Informationen prägnant darstellen möchte und wirk-

---

gegenüber diesem Index.

liche Inhalte liefern möchte, kann dieses Buch nicht das einzige sein, das du zu diesem Thema lesen solltest. Sobald du dir ein tieferes Verständnis der behandelten Themen angeeignet hast, dient es dir jedoch als nützliches Nachschlagewerk, in dem du schnell Erinnerungsstützen findest. Auch wenn die Form gleich bleibt, habe ich versucht, die Inhalte noch besser aufeinander abzustimmen.

Kapitel 1

Grundlagen

Wenn dein finanzielles Fachwissen noch überschaubar ist, solltest du auch dieses Kapitel intensiv durcharbeiten. Wenn du wesentliche Begriffe kennst, kannst du über diesen Teil recht schnell hinweggehen.

Börsenweisheit des Tages Nr. 1:

Was ist eine Aktie?

Eine Aktie ist eine Unternehmensbeteiligung. Über diesen Satz solltest du einen Moment nachdenken. Stelle dir eine Aktie nicht als ein Stück Papier vor, das man früher beim Kauf von Aktien tatsächlich noch physisch in Händen halten konnte. Als Inhaber einer Aktie bist du Miteigentümer des entsprechenden Unternehmens und so solltest du dich auch verhalten, indem du dich über das Unternehmen informierst, die Umsätze, Gewinne und sonstige interessante Größen kennst und verstehst, wie das Unternehmen Geld verdient.

Man unterscheidet zwischen Stammaktien und Vorzugsaktien. Für manche Unternehmen werden an der Börse sowohl Vorzugsaktien als auch Stammaktien gehandelt. Stammaktien beinhalten ein Stimmrecht, das auf der Hauptversammlung des Unternehmens eingesetzt werden kann. Vorzugsaktien beinhalten dieses Stimmrecht nicht, werden dadurch in der Regel durch eine höhere Dividendenzahlung (vgl. Börsenweisheit des Tages Nr. 7) entschädigt.

Trotzdem sollte man bedenken: Es gibt für Unternehmen mehrere Möglichkeiten, sich Geld am Kapitalmarkt zu beschaffen. So können beispielsweise neue Aktien ausgegeben werden oder Anleihen[5] emittiert[6] werden. Dividendenzahlungen für Vorzugsaktien können nicht steuerlich geltend gemacht werden. Wenn ein Unternehmen also finanziell so gesund ist, wieso zahlt es dann Dividenden für Vorzugsaktien statt Anleihen zu emittieren und damit steuerliche Vorteile zu erzielen? Die wahrscheinlichste Antwort ist, dass das Unternehmen eben doch nicht so gesund ist und der Markt für seine Anleihen ausgereizt ist. Aus diesem Grund solltest du dich Unternehmen mit Vorzugsaktien in der Kapitalstruktur nähern wie einem ungekühlten toten Fisch.[7]

Des Weiteren unterscheidet man zwischen Inhaberaktien und (vinkulierten) Namensaktien. Die Inhaberaktie stellt in Deutschland die gebräuchlichste Form dar, bei der der Aktiengesellschaft der Name des Aktionärs jedoch nicht bekannt ist. Die Inhaberaktie ist für den Handel an der Börse die unkomplizierteste Form, da sie allein durch Einigung und Übertragung an einen neuen Erwerber übergeht. Bei der Namensaktie erfolgt zusätzlich eine Eintragung in das Aktienregister. Die schränkt zwar die Verkehrsfähigkeit etwas ein, erleichtert jedoch die Kommunikation zwischen Aktiengesellschaft und Aktionär, zum Beispiel in Hinblick auf die Teilnahme an der Hauptversammlung. Bei der vinkulierten Namensaktie ist bei einer Übertragung der Aktien zusätzlich die Zustimmung der Aktiengesellschaft erforderlich. Das macht sie weniger verkehrsfähig. Die rechtlichen Eigentümer aller Arten von Aktien sind jedoch zur Teilnahme an der Hauptversammlung und Stimmabgabe, sowie Erhalt einer möglichen Dividende berechtigt.

Börsenweisheit des Tages Nr. 2:

WAS IST EIN AKTIENINDEX?

Eine bestimmte Gruppe von börsennotierten Unternehmen wird häufig zu einem Aktienindex zusammengefasst. Ein solcher Aktienindex gibt somit Auskunft über die gesamtwirtschaftliche Entwicklung

---

[5] Der Gläubiger leiht dem Unternehmen durch den Kauf einer Anleihe Geld und erkauft sich gleichzeitig das Recht auf Rückzahlung des Nennbetrags und vereinbarte Zinszahlungen jeweils zu vereinbarten Zeitpunkten. Da die Rückzahlung zu einem späteren Zeitpunkt geschieht, ist die Bonität bei der Auswahl der Anleihen zu berücksichtigen. Weiter soll hier nicht auf Anleihen eingegangen werden.

[6] herausgegeben

[7] vgl. Benjamin Graham (2018), Intelligent Investieren, 10. Auflage, München: FinanzBuch Verlag, S. 130

Grundlagen

einer Branche oder eines Landes.

Der DAX (Deutscher Aktienindex) ist der meistbeachtete deutsche Aktienindex und besteht aus den 30 größten börsennotierten Unternehmen Deutschlands gemessen anhand der Marktkapitalisierung[8]. Neben ihm sind der MDAX (Index der mittelgroßen deutschen Unternehmen – auch Mid-Caps genannt), SDAX (Index der kleinen deutschen Unternehmen - auch Small Caps genannt) und der TecDAX (Deutscher Technologiewerte-Index) die wichtigsten deutschen Indizes. Unter den DAX-Mitgliedern befinden sich namhafte Unternehmen[9] wie Allianz, BMW und BASF. Im MDAX sind beispielsweise Zalando, Commerzbank und Hellofresh gelistet. Im SDAX notieren Unternehmen wie Borussia Dortmund, Fielmann und Talanx.

Unternehmen können auch in mehreren Indizes auftauchen. So sind Infineon, SAP, Evotec und Varta beispielsweise Mitglieder des TecDAX, die beiden Erstgenannten aber auch des DAX und Letztere des MDAX.

In Amerika sind übrigens der Dow Jones, der Nasdaq100 und der S&P500 die meistbeachteten Indizes.

Börsenweisheit des Tages Nr. 3:

WIE BERECHNET SICH DER STAND EINES AKTIENINDEX, DER IN PUNKTEN AUSGEDRÜCKT WIRD?

Es gibt unterschiedliche Berechnungsmethoden[10] für den Stand eines Aktienindex:

1. Bei gleichgewichteten Indizes wird in jede Aktie des Index der gleiche Geldbetrag investiert. So werden von günstigeren[11] Ak-

---

[8]Die Marktkapitalisierung ist der Wert, mit dem das gesamte Unternehmen vom Markt (von der Börse) bewertet wird.

[9]Die Zusammensetzung eines Index ist nicht starr, sondern kann sich zu bestimmten Stichtagen oder per Fast Exit/Entry ändern. Hier gibt es weitere Infos zu den Regeln der Indexzusammensetzung: https://deutsche-boerse.com/dbg-de/media/deutsche-boerse-spotlights/spotlight/DAX-Index-Benchmark-und-Barometer-f-r-die-deutsche-Wirtschaft-148654, 24.07.2020 Die Beispielunternehmen waren am 24. Juli 2020 in den genannten Indizes vertreten.

[10]vgl. Heldt, Cordula: https://wirtschaftslexikon.gabler.de/definition/aktienindex-30756, 24.07.2020

[11]Gemeint ist der Preis für eine einzelne Aktie.

tien mehr Stücke aufgenommen als von teureren Aktien. Ein Beispiel ist der Value Line Composite Index (USA).

2. Bei preisgewichteten Indizes ist jede Aktie mit einem Stück vertreten, sodass ihr Kurs und die Kursentwicklung 1:1 so auch in die Berechnung des Aktienindex einfließt. Beispiel: Dow Jones (Industrial Average).

3. Bei kapitalgewichteten Indizes wird die Marktkapitalisierung der Aktiengesellschaft berücksichtigt. So werden die Aktienkurse der Gesellschaften mit dem Teil des börsennotierten Grundkapitals, der sich in Streubesitz befindet, und damit mit der Anzahl der wirklich umlaufenden und handelbaren Aktien gewichtet. Die meisten bedeutenden Indizes sind kapitalgewichtet, so beispielsweise auch der DAX.

Am 31. Dezember 1987 wurde bei der damaligen Zusammenstellung des DAX die Ausgangsbasis willkürlich auf 1.000 Punkte festgelegt. Die Werte im DAX werden entsprechend ihrer Marktkapitalisierung gewichtet. Bei Veränderung der Kurse der einzelnen Titel ändert sich entsprechend auch die Punktzahl im DAX. Allianz hat mit ca. 7%[12] zum Beispiel eine starke Gewichtung und die Kursentwicklung hat somit einen größeren Einfluss auf die DAX-Entwicklung als beispielsweise HeidelbergCement mit einer Gewichtung von knapp 1%. Würden also alle Titel unverändert bleiben und nur HeidelbergCement 10% zulegen, würde der DAX um ca. $10\% \cdot 1\% = 0,1\%$ zulegen.

Es gilt hier noch zu unterscheiden zwischen einem Performanceindex und einem Kursindex. Während beim Performanceindex auch die Dividendenausschüttungen und deren Wiederanlage berücksichtigt werden, spiegelt der Kursindex nur die Kursveränderungen wider. Wenn man in den Nachrichten vom DAX liest, handelt es sich in der Regel um den Performanceindex. Es gibt ihn jedoch auch als Kursindex, der logischerweise deutlich niedriger notiert. Der Kursindex ist besser vergleichbar mit anderen klassischen Kursindizes wie dem S&P 500.

---

[12] Die Gewichtungen der genannten Titel sind mit Stand Mai 2020 erfasst.

Grundlagen

Börsenweisheit des Tages Nr. 4:

EINZELTITEL ODER ETFS?

An der Börse gibt es die Möglichkeit, einzelne Aktien zu kaufen. Wer Anteile einzelner Unternehmen kauft, sollte diese Unternehmen qualitativ und quantitativ bewerten. So ist es unabdingbar, sich intensiv mit den Unternehmen, deren Erfolgsaussichten und deren Bewertung zu befassen.

Wer diesen Aufwand nicht betreiben möchte, kann einen so genannten ETF (Exchange Traded Funds) kaufen, der einen bekannten Index nachbildet oder einen auf andere Art und Weise zusammengesetzten Korb von Aktien bildet. Hierbei handelt es sich um einen passiv gemanagten Fonds, d.h. der Fondsmanager versucht nur möglichst genau den Index abzubilden ohne eine Outperformance des Marktes erzielen zu wollen.

Für die Analyse von Aktien gibt es zwei häufig verwendete Methoden: die Chartanalyse oder auch Technische Analyse genannt und die Fundamentalanalyse. Die Chartanalyse versucht aus dem Chart (Kursverlauf) der Vergangenheit, die Kursentwicklung der näheren Zukunft vorherzusagen. Wie wir später im Kapitel 6 ab S. 45 sehen werden, sollte man hierbei seine Strategien unbedingt einem Backtest unterziehen, um die Erfolgswahrscheinlichkeit[13] seiner Strategie zu kennen und sein Handeln entsprechend darauf ausrichten. Hierzu muss man theoretisch nichts über das Unternehmen wissen, da man nur den Chart betrachtet. Die Fundamentalanalyse hingegen untersucht Unternehmensdaten wie die Bilanz, um Erkenntnisse über den Zustand und die Entwicklung des Unternehmens und seine Bewertung zu erlangen. Eine kleine Einführung in die Grundlagen der Rechnungslegung gebe ich in dem Kapitel 9 ab S. 71. Danach wirst du in der Lage sein, den Jahresabschluss eines Unternehmens zu verstehen und eine Fundamentalanalyse durchzuführen.

---

[13]Hier handelt es sich aufgrund der empirischen Herleitung natürlich nur um relative Häufigkeiten.

Börsenweisheit des Tages Nr. 5:

WAS BENÖTIGST DU, UM EINE AKTIE ZU KAUFEN?

Wenn du eine Aktie kaufen möchtest, benötigst du ein Depot. Das kannst du bei deiner Hausbank führen, bei einer Online-Bank oder bei einem Online-Broker. Die Hausbank hat in der Regel die teuersten Konditionen. Gerade wenn man nur ein kleines Anlagevolumen zur Verfügung hat, sollte man genau auf die Transaktionskosten und mögliche Depotführungsgebühren schauen. Heutzutage sollte man für die Depotführung kein Geld mehr bezahlen, da es viele kostenlose Möglichkeiten gibt, teilweise auch ohne Bedingungen. Je nach Vorhaben kann es auch sinnvoll sein, mehrere Depots zu führen. Jedes Depot hat Vor- und Nachteile. So erheben manche Broker oder Banken beispielsweise einen fixen Betrag pro Sparplanausführung, andere einen gewissen Prozentsatz der Anlagesumme, sodass die Wahl des Anbieters auch von deinem Sparbetrag abhängen sollte. Auch die ETF-Auswahl kann von Anbieter zu Anbieter unterschiedlich sein.

Möchtest du Geld für dein Kind investieren, kann es sinnvoll sein, ein eigenes Junior-Depot anzulegen. Das Junior-Depot läuft auf den Namen deines Kindes, das auch der rechtliche Eigentümer ist. Das Vermögen aus diesem Depot darf nur für das Wohl deines Kindes eingesetzt werden. Der Vorteil hingegen liegt in der steuerlichen Behandlung. Mehr dazu in der Börsenweisheit des Tages Nr. 15. Für die Eröffnung eines solchen Depots sind die Unterschriften und Legitimierungen[14] beider Eltern[15] notwendig, sowie eine Geburtsurkunde deines Kindes. Leider bieten nicht alle Broker ein solches Konzept an.

Von deinem Online-Depot aus kannst du dann eine Aktienorder an einem Börsenhandelsplatz wie Xetra, Börse Frankfurt, Tradegate, etc. platzieren, die sich vor allem in den anfallenden Kosten unterscheiden. Im Hinblick auf den Zeitpunkt der Ausführung deiner Aktienorder oder den zu erzielenden Preis gibt es verschiedene Möglichkeiten, deine Order am Markt zu platzieren. Diese erläutere ich näher in der Börsenweisheit des Tages Nr. 6.

---

[14]Die Legitimierung dient der Bank oder dem Broker zur Feststellung deiner Identität, indem du dich einmal ausweist.
[15]außer bei getrennten Paaren und alleinigem Sorgerecht

Grundlagen

Börsenweisheit des Tages Nr. 6:

Die verschiedenen Order-Typen

Sowohl beim Kauf als auch beim Verkauf kann man Order-Zusätze angeben, um beim Kauf oder Verkauf einen besseren Preis zu erzielen. Als Grundlage ist zunächst der Order-Zusatz billigst zu erwähnen. Bei diesem Order-Typ, der auch Market-Order genannt wird, wird die Transaktion zum nächstmöglichen Zeitpunkt ausgeführt, unabhängig davon, wie der Preis dann ist.

Um keine böse Überraschung zu erleben, kann man auch eine Limit-Order aufgeben. Dort muss man zusätzlich noch einen Preis angeben, zu dem ein Wert höchstens gekauft oder mindestens verkauft werden soll. Sobald die Transaktion zu den genannten oder für dich besseren Konditionen möglich wird, wird sie unter diesem Order-Zusatz ausgeführt.

Dann gibt es noch eine Stopp Loss-Order - das vermutlich dümmste Konzept, das je entwickelt wurde. Das ist eine reine Verkaufsorder (das Analogon bei der Kauf-Order heißt Stopp Buy). Auch hier muss ich einen Preis festlegen. Sollte der Kurs unter den angegebenen Preis fallen, wird eine Billigst-Order ausgeführt. Warum sollte ich meine Aktien zu einem schlechteren Kurs verkaufen, wenn ich zuvor bei einem höheren Preis nicht dazu bereit war? Hinzu kommt, dass bei volatilen[16] oder illiquiden[17] Wertpapieren oder einem drastischen Ereignis der Ausführungskurs weit entfernt von der gesetzten Stopp Loss-Marke liegen kann, denn Börsenkurse sind nicht stetig - auch nicht bei sehr oft gehandelten Aktien. Eines von vielen möglichen Beispielen ist die Apple-Aktie, die am 16.03.2020 über 13% unter dem Vortagesschlusskurs eröffnete. Bei einem eng gesetzten Stopp Loss von vielleicht 3% und einem erwarteten maximalen Verlust in dieser Größenordnung, wollte ich nicht in der Situation sein, ein gesundes Unternehmen und sogar einen Profiteur der Corona-Krise mit einem Verlust von über 13% zu verkaufen. Weniger als einen Monat später war dieser Kursverlust übrigens wieder egalisiert worden. Die Stopp Loss-Order wird in der Regel von Charttechnikern angewendet. In deren Theorie wird der Kurs weiter fallen (dass die Märkte sich

---

[16]im Preis stark schwankend
[17]Illiquide Wertpapiere sind solche, die selten gehandelt werden. Die größeren Zeiträume zwischen den Handelsaktivitäten verursachen häufig größere Preisschwankungen.

in Trends bewegen, werden wir in der Börsenweisheit des Tages Nr. 19 diskutieren), wenn eine gewisse Preisbarriere nach unten durchbrochen wird. Bei meinem Anlagestil oder dem von Warren Buffett beispielsweise ergibt dieser Order-Zusatz einfach keinen Sinn, weil ich eine Vorstellung vom Wert der Aktie habe und sie mit dem aktuellen Börsenpreis vergleichen kann. Ich möchte Wertpapiere langfristig halten und nehme kurzfristig auch starke Schwankungen in Kauf.

Dann gibt es noch den in Abbildung 1.1 visualisierten Order-Zusatz Trailing (der Zusatz ist wieder bei Kauf- und Verkaufsorder möglich). Hier wird ein Stopp Loss oder Stopp Buy nachgezogen, wenn der Abstand zum Anfangskurs zu groß wird. Hier muss ich also einen Abstand zum aktuellen Kaufkurs angeben. Dieser Abstand kann relativ (z.B. 5%) oder absolut (z. B. 3 €) sein.

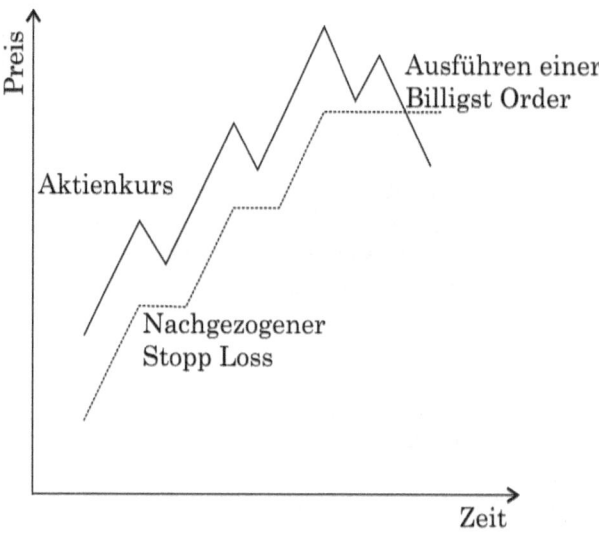

Abbildung 1.1: *Beim Order Zusatz Trailing wird der Stopp Loss nachgezogen, wenn der Aktienkurs steigt und somit der Abstand zwischen Aktienkurs und Stopp Loss Marke zu groß wird. Fällt der Kurs, bleibt der Stopp Loss auf dem aktuellen Niveau.*

Bei diesem Order-Zusatz sollte man sich sehr gut überlegen wie der Abstand zu wählen ist, aber auch dann gibt es keine Garantie dafür, dass der Zusatz so gut funktioniert, wie in der Graphik veranschaulicht.

Grundlagen

Es ist gut, wenn du weißt, was eine Limit Order ist. Ich persönlich halte das für ausreichend und nutze keine anderen Order-Zusätze. Beispiel: Du möchtest eine Aktie kaufen, die so wenig Beachtung findet, dass sie nur ein paar Mal am Tag gehandelt wird. Dementsprechend ist sie illiquide und volatil. Schwankungen von 5 – 8% ohne nennenswerte Ereignisse das Unternehmen betreffend sind keine Seltenheit. Stelle eine Limit-Order mit deiner Preisvorstellung ein. So stellst du sicher, dass du keinen unerwartet hohen Preis für diese Aktie zahlst, nur um zusehen zu müssen, wie sie am Folgetag wieder 8% fällt. Es kann dann aber auch passieren, dass die Order gar nicht ausgeführt wird, weil der Kurs nicht mehr die von dir angegebene Marke erreicht. Deswegen sollte man das Limit bei illiquiden Wertpapieren nicht zu eng setzen. Der Vorteil ist lediglich, dass man vorher weiß, worauf man sich einlässt.

Börsenweisheit des Tages Nr. 7:

Was ist eine Dividende?

Viele Aktiengesellschaften schütten einen Teil ihrer Gewinne als Dividende an ihre Aktionäre aus. Die Höhe der Dividende wird vom Vorstand vorgeschlagen und auf der Hauptversammlung verabschiedet. Erträge aus Dividendenzahlungen müssen versteuert werden, sofern sie einen Freibetrag übersteigen. Mehr dazu und wie hoch der Freibetrag ist, erfährst du in der Börsenweisheit des Tages Nr. 15.

Allerdings ist ein Unternehmen nicht verpflichtet, eine Dividende zu zahlen. Auch wenn das ganz schön ist, einmal im Jahr oder im Quartal eine Dividende zu bekommen, kann es durchaus sinnvoll sein, keine Dividende auszuschütten, da das Geld im Unternehmen möglicherweise besser eingesetzt werden kann und so ein Mehrwert für die Aktionäre geschaffen wird. Mehr dazu und wie man testen kann, ob das Einbehalten der Gewinne sinnvoll war, in der Börsenweisheit des Tages Nr. 53.

Viele Unternehmen verfolgen eine strikte Dividendenpolitik und setzen sich beispielsweise zum Ziel die Dividendenzahlungen mindestens konstant zu halten. Ich halte ein solches Vorhaben des Managements nicht für ein Qualitätsmerkmal. So kann es sein, dass ein Unternehmen, das in einem Jahr einen geringeren Gewinn oder gar einen Verlust erwirtschaftet hat, trotzdem eine (steigende) Dividende auszahlt. Dies ist möglich und bei einem kurzfristig schlechteren Ergebnis, das durch einen Sondereffekt[18] entstanden ist, in der Regel auch nicht tragisch, jedoch sollte man vorsichtig sein bei Unternehmen, deren Ausschüttungsquote[19] über einen längeren Zeitraum immer größer wird, um dieses Ziel der steigenden oder nicht fallenden Dividenden zu erreichen.

Statt sich gezwungen zu fühlen, die Dividende mindestens konstant zu halten oder gar kontinuierlich zu erhöhen, sollten sich die Manager eher jedes Jahr die Frage stellen, wie dieser Gewinn am sinnvollsten eingesetzt werden kann. Kann der Gewinn sinnvoll reinvestiert werden, um Prozesse effizienter zu gestalten oder die Zukunftsfähigkeit des Unternehmens zu erhalten? Oder wird das Geld aktuell und in Zukunft nicht benötigt? Es muss also gar nicht schlecht sein, wenn die Dividende mal etwas geringer ausfällt. Du solltest dir nur die Frage stellen, warum die Dividende gekürzt wurde. Ist gar kein Gewinn angefallen, der ausgeschüttet werden kann oder hat das Management eine sinnvollere Verwendung gefunden?

Der Rückkauf von eigenen Aktien ist ebenfalls eine weit verbreitete Möglichkeit, Geld an die Aktionäre zurückzugeben und auch die für Aktionäre steuerlich attraktivere. Während Dividenden aus dem versteuerten Unternehmensgewinn gezahlt werden und diese dann als Kapitalerträge wieder beim Aktionär versteuert werden, werden zwar Aktienrückkäufe ebenfalls aus dem versteuerten Unternehmensgewinn finanziert, jedoch muss der Aktionär keine Steuern durch einen möglichen Anstieg des Aktienkurses zahlen, sofern er diese Kursgewinne nicht realisiert. Das Unternehmen zieht also bei einem Aktienrückkauf eigene Aktien ein, wodurch die im Umlauf verbleibenden Aktien einen höheren Anteil am Unternehmen abbilden. Wenn die eigenen Aktien unterbewertet sind (vgl. Börsenweisheit des Tages Nr. 57), wird so mehr Wert für die Aktionäre geschaffen als durch eine Dividendenausschüttung.

Ein weiterer Grund für eine Dividendenkürzung kann auch sein, dass Liquidität zunächst im Unternehmen verbleiben soll, um unsichere Zeiten wie in der Corona-Krise zu überbrücken. Im Jahr 2020 hat HeidelbergCement die Dividendenzahlung drastisch gekürzt, obwohl eine konstante oder steigende Dividende möglich gewesen wäre. Aber

---

[18] Es sollte sich natürlich wirklich um einen Sondereffekt handeln und nicht nur als solcher deklariert sein.

[19] Die Ausschüttungsquote ist definiert als der Anteil des Nettogewinns, der für Dividenden aufgewendet wird.

Grundlagen

um die Unternehmung nicht zu gefährden und die Liquidität des Unternehmens in der Krise sicherzustellen, wurde die Dividendenzahlung gekürzt mit dem Hinweis, dass im folgenden Jahr die Ausschüttungsquote wieder auf das Vorkrisenniveau angehoben werden soll. Das ist meiner Meinung nach ein sinnvolles Vorgehen und äußerst positiv zu bewerten.

Wie hoch die Ausschüttung in Form von Dividenden eines Unternehmens ist, kannst du meist auf der firmeneigenen Homepage oder in einem Dividendenkalender im Internet nachsehen. Deine persönliche Dividende ergibt sich durch die Dividende pro Aktie multipliziert mit der Anzahl der Aktien, die am Ende des Dividenden-Stichtags in deinem Besitz sind. Am darauf folgenden Tag, dem Ex-Tag, wird die Aktie mit einem Dividendenabschlag gehandelt. Bis die Dividende tatsächlich überwiesen wird, können allerdings mehrere Wochen vergehen.

Neben einer Dividende in Form einer Beteiligung am Unternehmensgewinn besteht übrigens auch die Möglichkeit, eine Naturaldividende an die Aktionäre zu verteilen. So bekommen Lindt-Aktionäre beispielsweise jedes Jahr einen Koffer bis oben gefüllt mit Schokolade. Eine solche Naturaldividende kann sehr zu begrüßen sein, da sie für den Aktionär in der Regel einen höheren Wert hat als sie bei dem Unternehmen Kosten verursacht.

Kapitel 2

Das Orakel von Omaha

Warren E. Buffett, geboren am 30.08.1930 in Omaha (Nebraska), gilt als einer der größten Investoren aller Zeiten. Er hatte als Kind den Wunsch, einmal sehr, sehr reich zu werden. So begann seine Investmentkarriere bereits im Kindesalter von elf Jahren, als er seine erste Aktie kaufte. Er sagt dazu „Ich wurde ein Kapitalist und es fühlte sich gut an.[20]" Meine Schwester hat zwar am gleichen Tag Geburtstag, aber im Gegensatz zu Buffett offensichtlich nicht den Wunsch gehabt, einmal sehr, sehr reich zu werden, sondern sehr, sehr viel Geld auszugeben. Gut, um viel Geld auszugeben, muss man natürlich erst einmal viel Geld zur Verfügung haben. Was ich sagen will: ihre Sparquote war nie sehr hoch. Das war sie zugegebenermaßen als ich Student war auch nicht und nicht, dass ein falscher Eindruck entsteht: Ich liebe meine Schwester. Trotzdem habe ich es mit meinen Börsenweisheiten geschafft, sie in diese Finanzthemen einzuführen, sodass sie nun ihre ersten Schritte auf dem Börsenparkett eigenständig wagt, und sie zu einer langfristig denkenden Anlegerin zu machen – bis heute[21] hat sie keine einzige ihrer Aktien oder Anteile ihrer ETFs verkauft.

Warren Buffett ist ein großes Vorbild für mich. Seine Anlagephilosophie hat mich stark geprägt. Neben der Aneignung gewisser Techniken, wie ich den intrinsischen oder inneren Wert einer Aktie bestimme (vgl. Börsenweisheiten des Tages Nr. 58-61), war die wichtigste

---

[20]vgl. Buffett, Warren (2019): Brief an die Aktionäre von Berkshire Hathaway 2018, S. 12: https://www.berkshirehathaway.com/letters/2018ltr.pdf, 24.07.2020

[21]Stand Oktober 2020

Erkenntnis, dass ich dadurch sozusagen weiß, was ich tue. Somit kann ich bei meinen Handlungsentscheidungen meine Emotionen weitestgehend ausblenden. Seitdem habe ich deutlich bessere Anlageerfolge zu verzeichnen, denn Emotionen sind kein guter Anlageberater. Hiermit widme ich dem Mann, der meinen Anlagestil entscheidend geprägt hat, ein eigenes Kapitel. Ich werde jedoch nicht drum herum kommen, ihn über dieses Kapitel hinaus noch mehrfach zu zitieren.

Auch wenn Warren Buffett mit einem geschätzten Vermögen von über 73 Mrd. $[22] sein Ziel klar erfüllt hat und einen außergewöhnlichen Lebensstil haben könnte, macht es ihn doch sehr sympathisch, dass er sehr bodenständig lebt und seinem beschaulichen Geburtsort bis heute treu geblieben ist und noch in dem Haus lebt, das er 1958 für 31.500 $ kaufte.[23] Aufgrund seines unglaublich guten Gespürs für gute Investments wird er auch das Orakel von Omaha genannt.

Börsenweisheit des Tages Nr. 8:

Buffetts erste Aktie

Die Investmentkarriere von Warren Buffett begann im Alter von nur elf Jahren als er seine erste Aktie kaufte, die ihm gleich mehrere wichtige Lehren vermittelte, um an der Börse Erfolg zu haben: er lernte, dass Geduld eine der wichtigsten Tugenden für einen Investor ist und Entscheidungen unabhängig vom Einstandskurs zu treffen.

Der junge Warren Buffett hatte etwas Geld angespart und ging „All in" als er drei Aktien von Cities Service für je 38,25 $ kaufte. Kurz danach fiel ihr Kurs zunächst auf 27 $. Er hielt an dem Investment fest und war froh, die Aktien für 40 $ ohne Verlust verkaufen zu können. Jedoch stieg der Kurs weiter auf über 200 $.[24] Es scheint, als hätte der junge Warren Buffett damals entschieden, dass ihm das nie wieder passieren würde.[25] Ich vermute, es ist auch auf dieses prägende

---

[22]Forbes Media LLC: https://www.forbes.com/profile/warren-buffett/, 24.07.2020

[23]vgl. Insider Inc.: https://www.businessinsider.com/warren-buffett-modest-home-bought-31500-looks-2017-6?IR=T, 24.07.2020

[24]vgl. Buffett, Warren (2019): Brief an die Aktionäre von Berkshire Hathaway 2018: https://www.berkshirehathaway.com/letters/2018ltr.pdf, 24.07.2020 und Schroeder, Alice (2008): *The Snowball*, 1. Auflage, New York: Bantam Books

[25]Natürlich kann man nicht ausschließen, dass einem etwas ähnliches nochmal passiert, aber er analysiert seine Fehler und versucht daraus zu lernen. So sollte sich jeder Investor selbst bewährte Prinzipien auferlegen, an die er sich strikt hält.

Das Orakel von Omaha

Ereignis aus seiner Kindheit zurückzuführen, dass Buffett seine Aktien am liebsten für immer hält.[26] Buffett schlug in der Vergangenheit sämtliche Indizes deutlich und erwirtschaftete über einen Zeitraum von über 50 Jahren[27] eine annualisierte Rendite von durchschnittlich 20,3%[28] (der DAX legte in der Vergangenheit im Schnitt „nur" etwa 8%[29] pro Jahr zu). Die Macht des Zinseszinses verhalf ihm zu unglaublichem Reichtum. Er ist Miteigentümer und CEO der Beteiligungsgesellschaft Berkshire Hathaway[30]. Mit einer jährlichen Rendite von 20,3% werden aus 10.000 € nach 40 Jahren übrigens mehr als 16 Mio. €. Zeit ist hier ein ganz entscheidender Faktor, denn nach 50 Jahren sind es schon über 100 Mio. €. Du siehst, die erste Million ist die schwierigste. Früh anfangen lohnt sich also. Wobei man natürlich dazu sagen muss, dass man eine solche Rendite am Kapitalmarkt nicht gleichmäßig erwirtschaftet. So kann es auch gut sein, ein paar Jahre später anzufangen, weil in der Zwischenzeit die Kurse deutlich nachgegeben haben.

Börsenweisheit des Tages Nr. 9:

„UM EIN LEBEN LANG ERFOLGREICH ZU INVESTIEREN, BRAUCHT MAN KEINEN HIMMELHOHEN INTELLIGENZQUOTIENTEN, KEINE AUSSERGEWÖHNLICHEN ERKENNTNISSE UND AUCH KEINE INSIDER-INFORMATIONEN.[31]" - *Warren Buffett*

Man muss nicht hochintelligent sein, um an der Börse erfolgreich

---

Diese können sich durch neue Erfahrungen natürlich verändern oder erweitert werden, ab einem gewissen Erfahrungsschatz sollte die Grundphilosophie jedoch als Anker gesetzt sein.

[26] vgl. Buffett, Warren (1989), Brief an die Aktionäre von Berkshire Hathaway 1988: https://www.berkshirehathaway.com/letters/1988.html, 24.07.2020

[27] 1965-2019

[28] Buffett, Warren (2020): Brief an die Aktionäre von Berkshire Hathaway 2019, S.1: https://www.berkshirehathaway.com/letters/2019ltr.pdf, 24.07.2020

[29] Der Indexstand wurde für den 31.12.1987 auf 1.000 Punkte festgelegt. Somit ergibt sich für den Betrachtungszeitraum 1988-2020 eine annualisierte Rendite von ca. 8% p.a.

[30] Im Nachfolgenden auch schon mal Berkshire genannt. Die Homepage von Berkshire sieht übrigens aus wie aus den 90er Jahren. Das hat mit Buffetts Einstellung zu tun. Warum soll er mehr in den Internetauftritt investieren? Für sein Geschäftsmodell ist das nicht notwendig. Das Geld investiert er lieber woanders.

[31] Graham, Benjamin (2010): *Intelligent Investieren*, 10. Auflage, München: FinanzBuch Verlag, Vorwort zur vierten Auflage von Warren E. Buffett

zu sein. Andererseits ist Intelligenz auch keine Garantie dafür, an der Börse erfolgreich zu handeln. Eine gewisse Intelligenz benötigt man natürlich für ein Grundverständnis von unternehmerischem Handeln und um in der Lage zu sein, Unternehmenskennzahlen zu analysieren. Viel wichtiger als eine besonders hohe Intelligenz ist es meiner Einschätzung zufolge, seine Emotionen kontrollieren zu können. Um den Markt zu schlagen, muss man irgendetwas anders machen als der Markt. Man darf sich also nicht von der Herde und seinen eigenen Emotionen treiben lassen, sonst besteht die Gefahr, dass man im Hoch euphorisiert durch steigende Kurse kauft und aus Panik im Tiefpunkt verkauft. Viel mehr muss man die Emotionen der anderen Anleger ausnutzen, wenn sie einem Aktien toller Unternehmen für einen Spottpreis zum Kauf anbieten.

Börsenweisheit des Tages Nr. 10:

„KAUFE KEINE AKTIE, NUR WEIL DU DIR WÜNSCHST, DASS IHR KURS STEIGT. STATTDESSEN SOLLTEST DU IN UNTERNEHMEN INVESTIEREN, DIE DU VERSTEHST UND LANGFRISTIG WERT SCHAFFEN.[32]"
- *Warren Buffett*

Setze dich mit dem Unternehmen auseinander, das du kaufen möchtest. Versuche zu verstehen, womit das Unternehmen sein Geld verdient. Und kenne zumindest den ungefähren Wert dieses Unternehmens. Niemand kann die kurzfristige Kursentwicklung einer Aktie hinreichend genau vorhersagen. Auch bei einem Kursrückgang, der mitunter heftig ausfallen kann, solltest du dich mit deiner Position wohlfühlen.

Wenn man sich intensiv mit einem Unternehmen auseinandersetzt, wird man Kriterien finden, die großartige Unternehmen von weniger soliden Unternehmen unterscheiden. Buffett sagt weiter, dass es besser ist, ein großartiges Unternehmen zu einem fairen Preis zu kaufen, als ein mittelmäßiges Unternehmen zu einem großartigen Preis.[33] Weil die Anlagestrategie langfristig sein soll, ist die Qualität des Unternehmens entscheidend. Langfristig ist die positive Entwicklung eines Unternehmens für den Erfolg an der Börse wichtiger als kurzfristig einen hohen

---

[32]vgl. Boch, Robert L. (2015): *My Warren Buffett Bible*, New York: Skyhorse Publishing, Inc.
[33]vgl. Buffett, Warren (1990), Brief an die Aktionäre von Berkshire Hathaway 1989: https://www.berkshirehathaway.com/letters/1989.html, 24.07.2020

Das Orakel von Omaha

Rabatt auf den aktuellen fairen Wert einer Aktie zu erhalten. Das ist auch genau der Grund, warum du nicht auf einen Börsencrash warten musst, um gute Investments zu finden, wenngleich die Wahrscheinlichkeit attraktiv bewertete großartige Unternehmen zu finden in solchen Situationen steigt.

In der Situation von 2019/2020 habe ich persönlich das Gefühl, dass viele Anleger beispielsweise Wasserstoff-Aktien kaufen, nur weil sie steigen. Wasserstoff kann zwar in der Tat ein interessanter Rohstoff werden, sei es in einer Brennstoffzelle und somit als Antrieb für Autos oder als Rohstoff, der in der Kernfusion eingesetzt wird. Bei der Kernfusion, der Prozess, der in der Sonne die Energie freisetzt, werden zwei Wasserstoff-Kerne zu einem Helium-Kern verschmolzen. Dabei wird sehr viel Energie frei. Deshalb wird schon sehr lange daran geforscht, da es unsere Energieprobleme lösen würde. Jedoch gelingt es bisher nicht, ein für die Fusion benötigtes Plasma lange genug aufrecht zu erhalten. Das Potential ist also ohne Frage groß, jedoch ist nicht sicher, ob wir diesen Rohstoff jemals in dem Maße werden nutzen können. Außerdem sind die aktuell stark nachgefragten Wasserstoff-Unternehmen wie ITM Power, Ballard Power und Co. allesamt sehr kleine Unternehmen, mit Umsätzen im Millionen-€-Bereich, negativen Ergebnissen, aber Milliarden-€-Bewertungen - das passt für mich nicht zusammen. Bei diesen Unternehmen ist nicht abzusehen, welches sich als Marktführer etablieren wird, sollte sich der Trend durchsetzen. Wie sonst als durch einen Hype um eine bestimmte Branche ist es zu erklären, dass ein Unternehmen namens Nikola, das sich selbst als Produzent von mit Wasserstoff angetriebenen Trucks sieht, aber noch keinen einzigen verkauft hat, also keinen Umsatz macht, an der Börse mehr wert ist als ein alteingesessenes Unternehmen wie Ford mit dreistelligen Milliarden-Umsätzen?[34]

Diese Aktien unterliegen meiner Meinung nach einem starken Hype und es ist wenig Substanz dahinter. Die Menschen haben jedoch den Wunsch, dass dieser Rohstoff all unsere Energieprobleme lösen wird und wenige Cent für eine einzelne Aktie klingt günstig – so kaufen die Leute Wasserstoff-Aktien, ohne die Technologie zu verstehen und die Bewertung der Unternehmen rechtfertigen zu können. Wer in solche Unternehmen investiert, ist ein Spekulant und handelt emotional, nicht rational.

---

[34] Stand Juni 2020

Kapitel 3

Diversifiziertes vs. konzentriertes Portfolio

Wenn du dir dein Wertpapier-Depot zusammenstellst, kannst du in ein breit diversifiziertes Portfolio investieren, um eine marktübliche Rendite zu erwirtschaften. Theoretisch brauchst du hier gar kein breites Wissen und musst dich auch nicht zwingend über die Unternehmen in deinem Portfolio informieren, da eine einzelne Position eine so kleine Gewichtung einnimmt, dass selbst ein Totalverlust einer einzelnen Position nicht besonders schmerzhaft wäre. Diversifikation schützt zwar in gewissem Maße vor Unwissenheit, sie raubt dir aber natürlich auch die Möglichkeit, eine Outperformance gegenüber dem Markt erzielen zu können. Bei einem konzentrierten Portfolio hingegen ist zwar eine Überrendite möglich, du solltest dabei aber wissen, was du tust. Wie viel Zeit bist du bereit zu investieren? Entscheide für dich selbst, welchen Weg du gehen möchtest.

Börsenweisheit des Tages Nr. 11:

Die Vorzüge beim Investieren in kostengünstige ETFs

Statt in einzelne Aktien zu investieren, gibt es auch die Möglichkeit, in Fonds oder ETFs zu investieren. Bei Fonds wird das Vermögen von einem Fondsmanager verwaltet, bei einem ETF oder Index-Fonds wird ein Index nachgebildet, ohne das Portfolio aktiv zu managen.

Warren Buffett selbst hält regelmäßiges Investieren in einen günstigen Index-Fonds oder einen ETF über einen längeren Zeitraum für die meisten Menschen für die beste Idee.[35] Auch seiner Frau empfiehlt er, nach seinem Tod 90% des ihr vererbten Kapitals in einen kostengünstigen Index-Fonds zu investieren, der den S&P500 nachbildet.[36] Im 4. Quartal 2019 erteilte Warren Buffett den ETFs sogar den Ritterschlag, als er sich selbst einen ETF, der den S&P500 nachbildet, ins Depot legte.[37]

Man profitiert vom sogenannten „Cost Average-Effekt", wenn man über einen längeren Zeitraum mehrfach Anteile kauft. Die Wertpapier-Anteile werden dann zu Durchschnittspreisen gekauft und man kann sich sogar über fallende Kurse freuen, weil man dann für den gleichen Sparbetrag mehr Anteile ins Depot legen kann. Doch wie gut funktioniert der Cost Average-Effekt wirklich? Immerhin verlaufen Abwärtsbewegungen in der Regel dynamischer als Aufwärtsbewegungen. Von seinen 1.000 Punkten zum Start hat der DAX bis zum 06.07.2020 annualisiert $7,85\%$ pro Jahr zugelegt. Hättest du am 01.01.1988 einen ETF-Sparplan auf den DAX angelegt, der jeweils zum Monatswechsel den gleichen Betrag anlegt, hättest du eine annualisierte Rendite von $6,94\%$ im gleichen Zeitraum erwirtschaftet. Eine Differenz von $0,91\%$ pro Jahr. Klingt wenig? Ursache sind nicht die Kosten, die hier völlig unberücksichtigt bleiben, sondern allein der Charakter der Börsenbewegungen. Wäre die monatliche Sparrate 100 € gewesen, hättest du insgesamt 39.100 € eingezahlt. Dein Depot-Endwert am 06.07.2020 wäre 140.969 € vor Kosten. Bei einer annualisierten Rendite von $7,85\%$ pro Jahr, wäre dein Depot 169.820 € wert gewesen. Man kauft also nicht zu Durchschnittskursen, sondern zu etwas verteuerten Konditionen. Der Effekt basiert übrigens nicht nur darauf, dass der Einstiegszeitpunkt ungünstig gewählt war. Zwar ist gerade bei einem kürzeren Anlagehorizont auch eine positive Wirkung des Cost Average-Effekts möglich, doch gerade bei langfristiger Anlage ist dies nicht der Fall. Und erst dann wirkt überhaupt der Zinseszinseffekt. Eine Untersuchung von 25-Jahreszeiträumen im Nasdaq100 seit

---

[35]vgl. Buffett, Warren (2017): Brief an die Aktionäre von Berkshire Hathaway 2016, S. 24: https://www.berkshirehathaway.com/letters/2016ltr.pdf, 24.07.2020

[36]vgl. Buffett, Warren (2014): Berkshire Hathaway annual report 2013, S. 22, https://www.berkshirehathaway.com/2013ar/2013ar.pdf, 24.07.2020

[37]vgl. Information table for form 13f von Berkshire Hathaway Inc. (14.02.2020): https://www.sec.gov/Archives/edgar/data/1067983/000095012320002466/xslForm13F_X01/form13fInfoTable.xml, 24.07.2020

1971 ergab für 85% der Sparpläne eine schlechtere annualisierte Rendite im Sparplan als bei Einmalanlage. Dies unterstützt die These, dass man langfristig im Sparplan eine etwas schlechtere Rendite als die Marktrendite erwirtschaftet.

Die Strategie des regelmäßigen Investierens in einen günstigen Index-Fonds funktioniert natürlich auch nur unter der Annahme, dass langfristig die Kurse steigen, denn irgendwann möchtest du ja schließlich eine positive Rendite erwirtschaften und nicht immer nur günstig einkaufen. Wenn du einen langen Anlagehorizont[38] hast und zum Beispiel für das Alter mit Aktien vorsorgen möchtest und noch jung bist, solltest du dich eher freuen, wenn Kurse fallen, da du so günstiger einkaufen kannst. Komischerweise fühlen sich die meisten Menschen genau anders und freuen sich über steigende Kurse und werden nervös, wenn die Kurse fallen.

Beim Investieren in ETFs solltest du noch bedenken, dass du vielleicht nicht die historische Rendite erwirtschaften wirst. Zwar gibt dir eine Investition in ein diversifiziertes Portfolio verschiedener Unternehmen in gewissem Maße einen Inflationsschutz, jedoch ist ein Teil der Rendite auch auf das rasante Bevölkerungswachstum im 20. Jahrhundert zurückzuführen. Eine gleiche Steigerung der Weltbevölkerung von dem jetzigen Niveau aus macht unser geliebter blauer Planet nicht noch einmal mit. Dem verlangsamten Wachstum der Weltbevölkerung steht die Popularität von ETF-Sparplänen gegenüber. Handelt es sich am Ende um eine selbsterfüllende Prophezeiung, in der durch die Erwartung einer gewissen Rendite, diese auch erreicht wird? Da wäre ich vorsichtig. Vielleicht macht es dieser Umstand notwendig, sich intensiver mit den einzelnen Unternehmen auseinander zu setzen, um eine ordentliche Rendite verlässlich zu erwirtschaften.

Die zunehmende Beliebtheit von Investieren in ETFs hat außerdem zur Folge, dass künftig Abwärtsdynamiken weiter beschleunigt werden könnten, wenn ETF-Anleger nervös werden und doch mal verkaufen. Aus einer Korrektur wird dann vielleicht ein Crash. Tiefstände werden aber möglicherweise auch schneller erreicht, sodass die Abwärtsbewegung zwar schmerzvoll sein kann, aber möglicherweise nicht von langer Dauer ist.

---

[38] Unter einem langen Anlagehorizont verstehe ich einen Zeitraum von mindestens 10 Jahren, eher 20-30 Jahre.

Börsenweisheit des Tages Nr. 12:

„FRAGE NICHT DEINEN FRISEUR, OB DU EINEN HAARSCHNITT BRAUCHST. ER WIRD MIT JA ANTWORTEN.[39]" - *Warren Buffett*

Vertraue nicht deinem Bankberater, denn er ist vermutlich eher ein Verkäufer als ein Berater. Er wird dir zum Beispiel keinen kostengünstigen ETF anbieten, sondern immer einen teuren aktiv gemanagten Fonds, weil er daran mehr verdient. Dass ein Berater für seine Dienstleistung entlohnt wird, ist natürlich völlig legitim, aber die Beratung sollte nicht im Konflikt damit stehen, dir das beste Produkt anzubieten. Je länger nämlich die Laufzeit ist, umso mehr aktiv gemanagte Fonds zeigen eine schlechtere Performance als ihre Vergleichsindizes. Warren Buffett hatte sogar mal eine zehnjährige Wette diesbezüglich abgeschlossen und in den jährlichen Briefen an die Aktionäre von Berkshire regelmäßig darüber berichtet. Sein Gegenspieler Protégé Partners durfte fünf Fonds aussuchen, von denen er glaubte, dass sie den S&P500 schlagen würden. Während der S&P500 mit $8,5\%$ pro Jahr performte, was einer Gesamtperformance über den 10-Jahres-Zeitraum von $125,8\%$ entspricht, erreichte der beste Fonds nur eine jährliche Performance von $6,5\%$, was einer Gesamtperformance in diesem Zeitraum von $87,7\%$ entspricht. Die anderen erreichten nicht einmal 4% Rendite pro Jahr.[40] Buffett hatte die Wette also mit Leichtigkeit gewonnen. Fondsmanager haben einen grundsätzlichen Nachteil. Ich glaube, die meisten von ihnen wissen, wie man grundsätzlich eine Outperformance gegenüber dem Markt erzielt, eine solche Strategie beinhaltet jedoch auch mal längere Zeiträume von unterdurchschnittlicher Performance. Dies wäre schlecht für die Karriere und so kaufen sie am Ende doch Titel, die beliebt sind oder beliebt waren, um behaupten zu können, dass der Fonds an der Performance dieser beliebten und in der Öffentlichkeit diskutierten Titel partizipiert hat.

Die Wette zeigt aber grundsätzlich auch, wie schwer es ist, eine höhere Rendite als der Markt zu erzielen. Wenn Profis wie diese Fondsmanager dies über einen längeren Zeitraum nicht schaffen, muss man realistisch genug bleiben und darf sich wohl nicht so viele Hoffnungen

---

[39]vgl. Buffett, Warren (2010): Brief an die Aktionäre von Berkshire Hathaway 2009, https://www.berkshirehathaway.com/letters/2009ltr.pdf, 24.07.2020

[40]vgl. Buffett, Warren (2018): Brief an die Aktionäre von Berkshire Hathaway 2017, S. 12: https://www.berkshirehathaway.com/letters/2017ltr.pdf, 24.07.2020

machen, der zweite Warren Buffett zu werden.

Fonds haben neben einem Ausgabeaufschlag von häufig 5% in der Regel hohe laufende Kosten von meist knapp 1,5% p.a. der Anlagesumme. Die 5% zu Beginn sind einmalig und können bei einer langen Laufzeit fast vernachlässigt werden. Die 1,5% jährlichen Kosten werden hingegen teuer. Dazu vergleichen wir zwei Anlagen mit einem Anfangsinvestment von 1.000 €. Die eine wird mit 8,0% jährlich verzinst, die andere mit 6,5%.

Laufzeit		Verzinsung von 8,0% p.a.	Verzinsung von 6,5% p.a.
1	Jahr	1.080 €	1.065 €
5	Jahre	1.469 €	1.370 €
10	Jahre	2.159 €	1.877 €
15	Jahre	3.172 €	2.572 €
20	Jahre	4.661 €	3.524 €
30	Jahre	10.063 €	6.614 €
40	Jahre	21.725 €	12.416 €
50	Jahre	46.902 €	23.307 €

Tabelle 3.1: *Die Tabelle zeigt die unterschiedliche Entwicklung eines Depots bei 8% jährlicher Verzinsung im Gegensatz zu 6,5%. Die Gegenüberstellung zeigt das Potential bei der Reduzierung der üblichen laufenden Fondskosten in Höhe von 1,5%.*

Was anfangs wenig klingt, hat einen großen Effekt. Als langfristige Anleger sollten wir alles dafür tun, eine möglichst hohe jährliche Verzinsung zu erreichen. Daher mein dringender Appell: Achte also insbesondere auf die laufenden Kosten! Bei einer Wertentwicklung des Fonds von 8% pro Jahr bleiben über einen Zeitraum von 25 Jahren bei einer Sparrate von 100 € pro Monat nach üblichen Fondskosten vor Steuern 69.109 € übrig. Ohne Kosten wären es 90.899 € gewesen. Vor dem Hintergrund, dass die meisten Fondsmanager langfristig sowieso keine bessere Performance als ihr Vergleichsindex erzielen, solltest du dir überlegen, ob du nicht lieber in einen kostengünstigen ETF (Kosten lediglich 0,07%-0,15% pro Jahr) investieren möchtest als in einen aktiv gemanagten Fonds. Wenn hier die Wertentwicklung ebenfalls 8% beträgt, bleiben nach Kosten und vor Steuern etwa 88.000 € übrig.

Börsenweisheit des Tages Nr. 13:

WAS MACHT EINEN GUTEN ETF AUS?

1. Zum einen hast du die Wahl zwischen synthetisch und physisch replizierenden ETFs. Ich persönlich fühle mich mit physisch replizierenden ETFs wohler, weil hier dann tatsächlich möglichst genau die Aktien in der entsprechenden Gewichtung gekauft werden, wie sie in dem Index vorkommen, den sie nachbilden. Bei den synthetisch replizierenden ETFs wird dir jedoch nur die gleiche Performance versprochen, aber es werden (auch) andere Titel gekauft. Das könnte in verschiedenen Szenarien nicht gut ausgehen. Eine exakt gleiche Gewichtung zu jedem Zeitpunkt kann allerdings weder bei synthetisch noch bei physisch replizierenden ETFs garantiert werden, sodass es auch hier eine Abbildungsdifferenz (auch Tracking Difference oder kurz TD genannt) zwischen dem ETF und dem Index gibt. Die Tracking Difference ist definiert als

$$TD = \text{Performance des Index} - \text{Performance des ETF}.$$

   Diesen Wert kannst du mit der Total Expense Ratio (TER) des ETF, die nicht wie der Name vermuten lassen würde alle Kosten des ETF ausweist, vergleichen. Ist die TD mit der TER identisch, so ist der ETF genauso teuer, wie die TER es erwarten lässt. Je kleiner die Tracking Difference, umso besser.

2. Zum anderen hast du die Wahl zwischen einem ausschüttenden und einem thesaurierenden ETF. Bei ausschüttenden ETFs bekommst du die Dividenden bar auf dein Verrechnungskonto ausgezahlt. Thesaurierend bedeutet, dass die Dividenden sofort reinvestiert werden. Du bekommst also keine Bargeldauszahlung, sondern Wertpapieranteile. Welche Variante für dich sinnvoller ist, erkläre ich in der Börsenweisheit des Tages Nr. 16.

Diversifiziertes vs. konzentriertes Portfolio

Börsenweisheit des Tages Nr. 14:

„DIVERSIFIKATION SCHÜTZT VOR UNWISSENHEIT. DIEJENIGEN, DIE BESCHEID WISSEN, BRAUCHEN SIE NICHT.[41]" - *Warren Buffett*

Wenn du an der Börse investieren möchtest, solltest du dich fragen, wie viel Zeit du investieren möchtest und dir entsprechend eine Anlagestrategie überlegen. Willst du in ein diversifiziertes Portfolio investieren, dir nicht einzelne Unternehmen genauer anschauen müssen und maximal die Marktrendite erwirtschaften? Oder bist du bereit, tief in die Geschäftsberichte einzusteigen und dadurch bessere Investments von schlechteren unterscheiden zu können und so vielleicht eine Outperformance erzielen zu können?

Warren Buffett ist Unternehmer und genau das unterscheidet ihn von den meisten anderen Aktionären. Er setzt sich intensiv mit einem Unternehmen auseinander, bevor er dieses ganz oder Anteile an diesem Unternehmen kauft. Bei der Auswahl seiner Unternehmen ist er sehr wählerisch. Diese müssen gewisse Kriterien erfüllen. Warren Buffett hat sich und Berkshire 13, bzw. mittlerweile 15 Investment-Prinzipien auferlegt, aus denen sich auch zwölf Prinzipien für unser eigenes Investment-Verhalten ableiten lassen. Diese zwölf Prinzipien werde ich in Kapitel 10 ab S. 83 diskutieren. Investment-Gelegenheiten, die die meisten dieser Kriterien erfüllen, sind rar, weswegen der sehr erfolgreiche Warren Buffett die meisten Investmentgelegenheiten ablehnt. Und er sagt selbst: „Was erfolgreiche Menschen von sehr erfolgreichen Menschen unterscheidet ist, dass sehr erfolgreiche Menschen zu den meisten Dingen nein sagen."[42] Auch beim Baseball schwingt ein erfolgreicher Hitter den Schläger nicht bei jedem Pitch, sondern wartet auf die Bälle, die in der Zone ankommen, wo er den Ball wirklich gut treffen kann. Nur so ist auch mal ein Home Run drin. Investieren besteht für ihn also daraus, die meiste Zeit herumzusitzen und abzuwarten, einen nach dem anderen Ball durchzulassen, bis der Pitcher den Ball wirft, der ihm eine satte Rendite verspricht.[43] Findet Buf-

---

[41] Buffett, Warren auf der Jahreshauptversammlung von Berkshire Hathaway 1996: https://buffett.cnbc.com/video/1996/05/06/buffett-and-munger-on-diversification.html, 22.09.2020

[42] Business Insider Deutschland GmbH: https://www.businessinsider.de/strategy/warren-buffett-sagt-ein-wort-unterscheidet-erfolgreiche-menschen-von-anderen- 2018-1/, 24.07.2020

[43] vgl. Kunhardt, Peter W., *Becoming Warren Buffett*, New York: HBO, 2006,

fett ein Unternehmen, das seinen Ansprüchen an Qualität und Preis genügt, zögert er nicht und ist bereit, große Summen in ein einzelnes Unternehmen zu investieren.

Kapitel 4

Steuer auf Kapitalerträge

Börsenweisheit des Tages Nr. 15:

KAPITALERTRAGSSTEUER

Zinsen, Dividenden und Gewinne aus der Veräußerung von Wertpapiergeschäften sind steuerpflichtige Kapitalerträge. Sie unterliegen in Deutschland der Abgeltungssteuer[44], die 25% beträgt. Dazu kommt noch der Solidaritätszuschlag und eventuell die Kirchensteuer. Als Alleinstehender hat man einen Freibetrag von 801 € (Ehepaare zusammen 1.602 €).[45] Also erst, wenn ich mehr als 801 EUR in einem Jahr an der Börse verdient habe, muss ich eine Abgeltungssteuer zahlen. Damit die Steuern nicht trotzdem abgeführt werden, ist es sinnvoll, einen Freistellungsauftrag[46] einzurichten. Ansonsten kann man sich die zu viel bezahlten Steuern aber hinterher über die Steuererklärung wiederholen. Wenn ich also beispielsweise für 1.000 € Aktien gekauft habe und diese für 2.001 € verkaufe, habe ich vor Steuern 1.001 € Gewinn gemacht, 801 € sind steuerfrei und von dem restlichen Gewinn über 200 € müssen 25%[47] Abgeltungssteuer abgeführt werden,

---

[44]Die Abgeltungssteuer wurde 2009 eingeführt. Es gibt für ältere Anlagen auch noch einen Bestandsschutz.

[45]Stand Mai 2020

[46]Ich kann bei mehreren Banken und Brokern einen Freistellungsauftrag einrichten. Insgesamt dürfen meine Freistellungsaufträge den Betrag von 801 €, bzw. 1.602 € zu keinem Zeitpunkt übersteigen.

[47]Solidaritätszuschlag und Kirchensteuer werden hier der Einfachheit halber außen vor gelassen.

sodass sich mein Gewinn nach Steuern auf 951 € beläuft.

Dabei ist für die Steuer das Jahr maßgebend, in dem die Erträge realisiert wurden. Wenn man nach dem obigen Beispiel im gleichen Jahr Verluste realisiert, bekommt man anteilig Steuern zurückerstattet, natürlich maximal in der Höhe, in der man Steuern gezahlt hat.[48] Der Kauf einer Aktie ist also steuerlich irrelevant. Habe ich also im obigen Beispiel im gleichen Jahr eine weitere Aktie mit 60 € Verlust veräußert, beläuft sich mein Gewinn auf 1.001 € abzüglich 60 €, also 941 €. Kapitalerträge in Höhe von 801 € bleiben nach wie vor steuerfrei, sodass nun noch 140 € versteuert werden müssen. Zuvor wurden 50 € Steuern abgeführt, nach Verkauf der Verlustposition werden also 15 € zurückerstattet.

Es kommt vielleicht vor, dass du nicht die ganze Position auf einmal gekauft hast und auch nicht komplett auflösen möchtest, sondern nur einen Teilverkauf tätigen willst. Hier gilt für die steuerliche Behandlung das FIFO[49]-Prinzip. Es werden also zunächst die Anteile deiner Position veräußert, die bereits am längsten in deinem Bestand sind.

Solange die Erträge nah genug an dem Freibetrag von 801 € sind, sind die gezahlten Steuern bei höheren Kapitalerträgen zu verkraften. Wenn man groß denkt, wird der Freibetrag von 801 € irgendwann vernachlässigbar. Warren Buffetts Haltedauer für Aktien ist am liebsten für immer,[50] unter anderem da er die noch nicht bezahlten Steuern für unrealisierte Gewinne als zinsloses Darlehen vom Finanzamt ansieht. Man hat hier einen Steuerstundungseffekt. Würde man die Aktien mit Gewinn veräußern, müsste man Steuern an das Finanzamt abführen.[51] Um von dem Verkauf zu profitieren, müsste die Aktie deutlich unter den Verkaufskurs fallen, um die gleiche Position wieder aufzubauen.

Hierzu ein Beispiel: Du kaufst 23 Aktien zum Kurs von je 135 €. Zwei Jahre später steht der Kurs 210% höher bei 418,50 €. Aus deinem Einstandswert von 3.105,00 € wurden also zunächst 9.625,50 € auf dem Papier. Wenn du aufgrund des hohen Kurses diese Aktien verkaufst, werden auf den Buchgewinn von 6.520,50 € nach Abzug

---

[48]Eventuell ist hierfür bis zum 15. Dezember des entsprechenden Jahres eine Verlustbescheinigung bei der Bank oder dem Broker anzufordern.

[49]FIFO steht für first in, first out.

[50]vgl. Buffett, Warren (1989), Brief an die Aktionäre von Berkshire Hathaway 1988: https://www.berkshirehathaway.com/letters/1988.html, 24.07.2020

[51]Natürlich nur bei Kapitalerträgen über 801 € (1.602 € für Ehepaare) Darunter macht es Sinn, sich die steuerfreien Erträge zu sichern.

Steuer auf Kapitalerträge

des Freibetrags in Höhe von 801 € Kapitalertragssteuer und Solidaritätszuschlag in Höhe von insgesamt 26,375% fällig. Das sind in diesem Fall 1.508,52 € an das Finanzamt. Der Verkaufserlös liegt also nicht bei 9.625,50 €, sondern bei 8.116,98 € nach Steuern. Wenn du nach wie vor vom Unternehmen überzeugt bist, lediglich den gehandelten Preis zu hoch findest, müsste für einen Wiedereinstieg der Kurs auf 352,91 € fallen, damit sich der Verkauf gelohnt hat. Du müsstest also einen Kursrutsch von 15,7% ab deinem Verkaufszeitpunkt richtig vorhersagen. Das wird dir aller Voraussicht nach nicht gelingen. Bei Verkäufen, die Erträge weit oberhalb des Freibetrags realisieren, solltest du dir also sehr genau überlegen, was es für dich bedeutet. Transaktionskosten sind hierbei übrigens noch nicht berücksichtigt.

Werden die Gewinne hingegen nicht realisiert, arbeitet das Geld, das sonst das Finanzamt bekommen würde, weiter für dich. Bei einer sehr langen Haltedauer ist es natürlich umso wichtiger, dass man in qualitativ hochwertige Unternehmen investiert, die langfristig gute Erfolgsaussichten und einen dauerhaften Wettbewerbsvorteil haben. Mehr zur Auswahl solcher Unternehmen ebenfalls in Kapitel 10 ab S. 83.

Hast du dich bei der Geldanlage für dein Kind wie in der Börsenweisheit des Tages Nr. 5 angesprochen für ein Junior-Depot entschieden, gehört das Depot deinem Kind, es hat aber auch von Geburt an einen eigenen Freibetrag und verbraucht nicht deinen eigenen. Neben dem Sparerpauschbetrag von 801 € kann dein Kind den steuerlichen Grundfreibetrag und Sonderausgabenpauschbetrag ausschöpfen. Wenn dein Kind also nicht gerade Boss Baby[52] ist und bereits sein eigenes Geld verdient, kann es somit etwas mehr als 10.000 € Kapitalerträge pro Jahr erwirtschaften, ohne Steuern zahlen zu müssen. Wenn die Kapitalerträge deines Kindes 801 € übersteigen, alle Einkünfte aber unter dem Grundfreibetrag sind, lohnt es, für dein Kind eine sogenannte NV-Bescheinigung[53] zu beantragen. Dann bleiben auch höhere Kapitalerträge steuerfrei.

---

[52]MacGrath Tom: *The Boss Baby*, Kalifornien: DreamWorks SKG, 2017
[53]Nichtveranlagungs-Bescheinigung

Börsenweisheit des Tages Nr. 16:

AUSSCHÜTTENDE UND THESAURIERENDE ETFS

Wir kommen zurück auf die Auswahl zwischen ausschüttenden und thesaurierenden ETFs aus der Börsenweisheit des Tages Nr. 13. Vielleicht zu deiner Verwunderung[54] sollte man die ausschüttenden ETFs wählen – zumindest zunächst. Das hat nämlich steuerliche Gründe. Denn bevor man nicht mindestens 801 € Kapitalerträge erwirtschaftet – denn so hoch ist der Freibetrag – sollte man dafür sorgen, diesen steuerlichen Freibetrag auszuschöpfen, da er sonst verfällt. Ein nicht verbrauchter Freibetrag kann nicht in das Folgejahr übertragen werden. Trotzdem sollte man die Ausschüttungen (nach Steuerabzug) reinvestieren, um vom Zinseszinseffekt zu profitieren.[55]

Bei ausschüttenden ETFs ist die Ausschüttung sofort zu versteuern und sofern die so genannte Vorabpauschale die Ausschüttung übersteigt der übersteigende Teil ebenso. Bei einem thesaurierenden ETF ist nur die Vorabpauschale zu versteuern. Da sich die Vorabpauschale aus einem Basiszins zusammensetzt, der aktuell sehr niedrig ist, ist die Vorabpauschale wahrscheinlich niedriger als die Ausschüttung. Dadurch ergibt sich ein Steuerstundungseffekt und man erhält somit ein zinsloses Darlehen vom Finanzamt. Beim thesaurierenden ETF zahlt man während der Laufzeit weniger Steuern, bei der Veräußerung dafür mehr, aber es ist aufgrund der Steuerstundung auch ein höherer Ertrag zu erwarten.

Die Vorabpauschale berechnet sich so:

Fondsvolumen am Anfang des Jahres · (1 − Freibetrag) · Basiszins

Es gibt bei Fonds einen Freibetrag, den man nicht versteuern muss. Bei Aktienfonds (mind. 51% Aktienanteil) beträgt er 30%, bei Mischfonds (mind. 25% Aktien) 15%, bei Immobilienfonds 60% und bei ausländischen Immobilienfonds (mind. 51% ausländische Immobilien) 80%. Die Regelung ist seit dem 01. Januar 2018 neu (Investmentsteuerreformgesetz) und – man mag es kaum glauben – vereinfacht die vorherige Regelung.

---

[54] Wegen der Wirkung des Zinseszinses sollte dich das verwundern.
[55] Für die Anlage der Ausschüttungen sollten natürlich die gleichen Kriterien gelten wie für jede Geldanlage. Man sollte gezielt in großartige Unternehmen mit sehr guten Zukunftsaussichten investieren, die bestenfalls unterbewertet sind.

Kapitel 5

Wie funktioniert der Handel an der Börse?

Die Börse ist für den Wertpapierhandel da. Wir können dort Aktien oder andere Wertpapiere kaufen und verkaufen, doch wer bestimmt eigentlich den Preis für eine Aktie?

Börsenweisheit des Tages Nr. 17:

WIE BESTIMMT SICH DER PREIS FÜR EINE AKTIE?

Stelle dir eine Situation auf einem Bazar in Marokko vor. Du möchtest Gewürze von einem Händler kaufen. Beide Parteien haben eine eigene Preisvorstellung. Der Händler möchte natürlich einen möglichst hohen Preis erzielen, um seinen Gewinn zu maximieren und du möchtest möglichst wenig bezahlen, um ein tolles Urlaubsmitbringsel zu einem günstigen Preis zu erstehen. Ihr feilscht um den Preis und solange sich eure Preisvorstellungen überschneiden werdet ihr euch am Ende irgendwo in der Mitte einig. Überschneiden sich eure Preisvorstellungen nicht, kommt kein Deal zustande.

An der Börse ist es nicht viel anders - nur, dass nicht nur zwei Personen in einen Deal involviert sind, sondern mehrere. Händler bieten Preise für die Aktien. Die einen wollen sie zu einem möglichst hohen Preis verkaufen, die anderen wollen sie möglichst günstig kaufen. Sie platzieren also ihre Orders mit ihren Preis-Vorstellungen[56] am Markt und der Preis, der zu einem bestimmten Zeitpunkt, die meisten Transaktionen ermöglicht, ist der Aktienkurs in diesem Moment. Alle zu diesem Preis möglichen Transaktionen werden in diesem Moment durchgeführt.

Nun kann es sein, dass das eine Lager deutlich stärker ist, es also zum Beispiel mehr Verkäufer als Käufer gibt. Wenn alle ihre Aktien verkaufen wollen und sich keine Käufer finden, müssen die Verkäufer ihre Preis-Vorstellungen nach unten korrigieren, damit die Aktien für die Käufer interessanter werden. Der Kurs fällt unweigerlich. Das Ganze funktioniert natürlich auch in die andere Richtung. Angebot und Nachfrage bestimmen also den Preis.[57]

Hier sind Emotionen im Spiel. Emotionen der Anleger bestimmen kurzfristig die Preise am Aktienmarkt. Die Märkte neigen außerdem dazu sich in Trends zu bewegen. Es gibt Aufwärts-, Abwärts- und Seitwärtstrends. Bei einem übergeordneten Aufwärtstrend sprechen wir von einem Bullenmarkt, bei einem Abwärtstrend von einem Bärenmarkt. Manche Leute orientieren sich nur oder hauptsächlich an Chartmustern[58] und richten ihre Handelsideen darauf aus. Diese Leute verursachen oder verstärken zumindest solche Trends.

Da bei der Preisfindung an der Börse Emotionen im Spiel sind, wird häufig in die eine oder andere Richtung übertrieben. Es gibt sogar einen Fear and Greed-Index, der anzeigt, wie die Stimmung am Markt ist. Dieser Index ist ein guter Kontraindikator. Das heißt, wenn die Stimmung am Tiefpunkt[59] ist und alle von weiter fallenden Kursen ausgehen, stehen die Chancen gut, dass die Kurse danach wieder steigen werden. Das liegt wohl daran, dass die Pessimisten ihre Aktienbestände verkauft haben und somit nicht investiert sind. Wenn die Kurse nun steigen, werden die Pessimisten kalt erwischt und immer mehr steigen wieder in den Aktienmarkt ein. Zwangsläufig gibt es mehr Käufer als Verkäufer, was zu steigenden Kursen führt.

---

[56] außer beim Order-Zusatz billigst

[57] Zumindest kurzfristig kann das ein großer Effekt sein. Buffett sagt, langfristig tendieren die Preise von Aktien gegen ihren inneren Wert (vgl. Buffett, Warren (1988): Brief an die Aktionäre von Berkshire Hathaway 1987, https://www.berkshirehathaway.com/letters/1987.html, 24.07.2020).

[58] Zur Charttechnik machen wir in Kapitel 6 ab S. 45 einen Exkurs. Ich hatte mich selbst eine Zeit lang intensiv damit beschäftigt und habe mir eine Meinung dazu gebildet. Ich halte nicht viel davon, seine Anlagestrategie daran auszurichten, aber es kann helfen, zu verstehen, wie andere Menschen an der Börse agieren.

[59] d.h. niedrige Werte im einstelligen Bereich beim Fear and Greed-Index.

Wie funktioniert der Handel an der Börse?

An dieser Stelle ein berühmtes Zitat von Warren Buffett: „Sei gierig, wenn andere ängstlich sind und sei ängstlich, wenn andere gierig sind!"[60] Dabei sinkt das Risiko für eine Anlage, wenn man günstig einkauft. Ergibt Sinn, oder?

Wann ein Tiefpunkt erreicht ist, kann in der Gegenwart niemand ausmachen, geschweige denn, dies vorhersagen und das kann auch nicht das Ziel sein. Da es reine Glückssache ist, im Tiefpunkt Aktien zu kaufen, ist es umso wichtiger sich eine Meinung zu bilden, ab wann ein Unternehmen unterbewertet ist und sich der Einstieg wahrscheinlich lohnt. Es kann sein, dass die Kurse weiter fallen. Deswegen ist es aus meiner Sicht auch sinnvoll, in Tranchen zu kaufen. Wenn ich beispielsweise 4.000 € in eine Aktie anlegen möchte, kann ich beispielsweise zunächst für 2.000 € kaufen, und hoffen, dass die Kurse weiter fallen. Tun sie das signifikant, ohne dass sich im Unternehmen grundlegend etwas verändert hat, lege ich vielleicht nochmal 1.500 € nach und dann bleiben noch 500 € für eine weitere Tranche übrig. Dabei besteht die Gefahr, dass mein erster Kaufkurs doch ziemlich gut war und ich nicht mehr dazu komme, die restlichen 2.000 € zu investieren, da die Kurse steigen und ich ab einem gewissen Kurs nicht mehr bereit bin, nachzukaufen. Wenn man sich also seiner Sache sehr sicher ist, man ein großartiges Unternehmen mit langfristig guten Aussichten gefunden hat, das stark unterbewertet ist, sollte man entschlossen handeln und zugreifen.

Die wohl beste Metapher, um zu erklären, wie Aktien zu einem falschen Preis kommen können, ist Benjamin Grahams fiktiver Mr. Market:

> *Der manisch depressive Mr. Market legt die Kurse nicht immer wie ein Gutachter fest oder auf die Art und Weise fest, wie ein privater Käufer ein Unternehmen bewerten würde. Im Gegenteil: wenn die Kurse steigen, zahlt er gern etwas mehr als deren objektiven Wert, und wenn die Kurse fallen, ist er so verzweifelt, dass er sie für weniger als ihren wahren Wert verschleudert.*[61]

Ein schönes Beispiel ist die Inktomi-Aktie um die Jahrtausendwende. Das Unternehmen wuchs sehr stark, wodurch die Phantasien

---

[60]vgl. Buffett, Warren (1987): Brief an die Aktionäre von Berkshire Hathaway 1986, https://www.berkshirehathaway.com/letters/1986.html, 24.07.2020

[61]Graham, Benjamin (2018): Intelligent Investieren, 10. Auflage, München: FinanzBuch Verlag, S. 232

der Anleger beflügelt wurden, was aber übersehen wurde ist, dass das Unternehmen kein Geld verdiente, sondern viele rote Zahlen schrieb. Im März 2000 kostete eine Aktie 231.625 $, dann verfiel Mr. Market in eine Depression und nur 2,5 Jahre später kostete die Aktie nur noch 0,25 $. In beide Richtungen hatte Mr. Market deutlich übertrieben.[62]

Und nun der Appell: selbst denken! Benjamin Graham formuliert es so schön:

> *Würden Sie freiwillig einem diagnostizierten Verrückten erlauben, mindestens fünf Mal in der Woche zu Ihnen zu kommen, um Ihnen zu sagen, Sie sollten sich ebenso fühlen wie er sich gerade fühlt? Wären Sie jemals damit einverstanden, euphorisch zu sein, nur weil er es ist - oder sich miserabel zu fühlen, weil er der Überzeugung ist, dass Sie es sein sollten? Natürlich nicht!*
>
> *[...]*
>
> *Als intelligenter Investor sollten Sie Mr. Market nicht völlig ignorieren. Stattdessen sollten Sie mit ihm handeln - aber nur insoweit, als es Ihren Interessen entspricht. Mr. Market hat die Aufgabe, Sie mit Kursen zu versorgen; Ihre Aufgabe ist es, zu entscheiden, ob es Ihnen zum Vorteil gereicht, darauf zu reagieren. Sie müssen nicht mit ihm handeln, nur weil er Sie ständig darum bittet.*
>
> *[...]*
>
> *Wenn Sie sich weigern, Mr. Market zu Ihrem Herrn werden zu lassen, dann machen Sie ihn zu Ihrem Diener.*[63]

Mr. Market ist so gesehen die Gesamtheit aller Akteure am Finanzmarkt. Die Emotionen dieser Anleger führen manchmal zu Extremsituationen, in denen der Preis von Aktien deutlich von ihrem inneren Wert abweicht. Die Abweichung kann in beide Richtungen erfolgen. Lass dich nicht von der Angst und Euphorie anderer Anleger leiten, sondern überlege dir, ob sich durch den Kauf oder Verkauf einer Aktie eine vorteilhafte Situation für dich ergibt.

---

[62]vgl. Graham, Benjamin (2018): Intelligent Investieren, 10. Auflage, München: FinanzBuch Verlag, S. 232 f

[63]Graham, Benjamin (2018): Intelligent Investieren, 10. Auflage, München: FinanzBuch Verlag, S. 234

Kapitel 6

Exkurs Charttechnik

Menschen sind nicht gerne untätig. Doch genau das führt in Bezug auf die Häufigkeit des Handelns an der Börse meines Erachtens zum größten Erfolg. Man sollte akzeptieren, dass man an der Börse nicht schnell reich wird, sondern dies ein Langzeitprojekt ist. Manche Menschen kommen trotzdem in Versuchung, die täglichen Schwankungen des Aktienmarkts für sich ausnutzen zu wollen und hoffen so, schnell reich zu werden. Nicht weil ich besonders viel von der Charttechnik und der damit verbundenen kurzfristig ausgerichteten Anlagestrategie halte, sondern weil es insgesamt hilft, zu verstehen, wie die Börse funktioniert und wie manche Menschen dort agieren, bringe ich hier einen kleinen Exkurs zur Charttechnik. Denn es gibt genug Menschen, die die Regeln der Charttechnik anwenden und damit das Kursgeschehen an der Börse entscheidend mitbestimmen.

Dieses Kapitel ist ein Exkurs und für das Verständnis der folgenden Kapitel nicht relevant.

Börsenweisheit des Tages Nr. 18:

WELCHE DARSTELLUNGSARTEN EINES KURSVERLAUFS GIBT ES?

Man unterscheidet im Wesentlichen drei Charttypen: Balkenchart, Kerzenchart, Linienchart. Der wichtigste Chart in der Charttechnik ist der Kerzenchart oder auch Candlestick-Chart. Jeder Handelstag[64]

---

[64] Man kann natürlich auch andere Zeiträume betrachten, so kann in bestimmten

wird durch eine Kerze abgebildet.

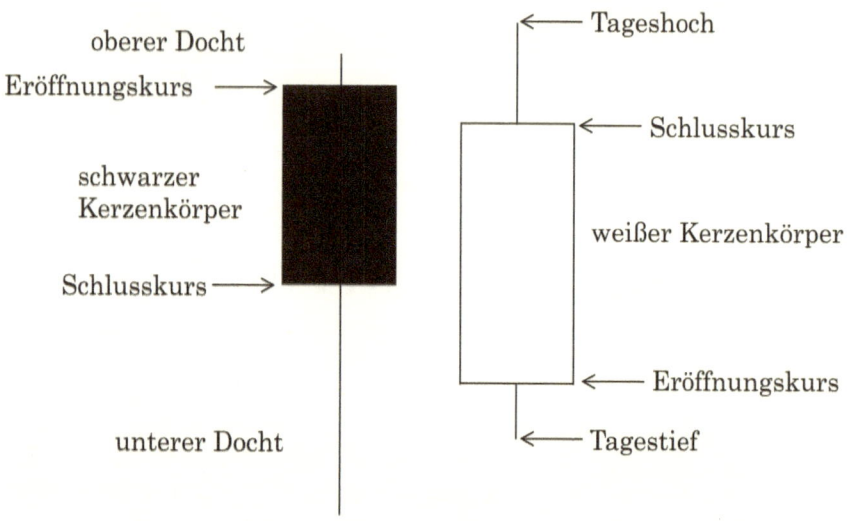

Abbildung 6.1: *Jede Kerze im Candlestick-Chart stellt eine Zeiteinheit – meistens einen Tag dar. Die schwarze Kerze links symbolisiert, dass der Tagesschlusskurs unter dem Eröffnungskurs liegt. Die Dochte nach oben und unten geben den Tageshöchstkurs und den Tagestiefstkurs an. Eine weiße Kerze symbolisiert einen Tagesgewinn, d.h. der Schlusskurs liegt über dem Eröffnungskurs.*

Eine Kerze besteht aus einem Kerzenkörper, an dem man den Tagesbeginnkurs und den Tagesschlusskurs ablesen kann. Ist der Tagesschlusskurs niedriger als der Anfangskurs (Tagesverlust), so ist der Kerzenkörper rot oder schwarz gefärbt, sonst grün oder weiß. Die Dochte (es gibt in der Regel zwei, also oben und unten) zeigen das Tagestief und das Tageshoch an.

Einzelnen Kerzen oder einer Kombination von verschiedenen Kerzen sagt man eine gewisse Vorhersagekraft nach. Dazu in den nächsten Börsenweisheiten mehr. Charttechniker versuchen statistische Ungleichgewichte zu ihren Gunsten auszunutzen. Als Mathematiker hat mich das naturgemäß sehr interessiert und so habe ich mich selbst mal sehr intensiv mit der Thematik auseinandergesetzt. Man kann

---

Charts eine Kerze auch eine Dauer von einer Stunde, 15 Minuten, u.s.w. darstellen.

Exkurs Charttechnik

mir den Vorwurf machen, dass ich verschiedene Kriterien nur isoliert betrachtet habe und nicht die Kombination verschiedener Kaufsignale betrachtet habe. Das ändert jedoch nichts daran, dass anerkannte Strategien in meinem Backtest nicht funktionierten. Siehe dazu die Börsenweisheiten des Tages Nr. 22, 23 und 24. Mit manchen Strategien kann man im besten Fall Geld verdienen, damit langfristig den Markt in der Performance zu übertreffen, halte ich jedoch für äußerst schwierig.

Börsenweisheit des Tages Nr. 19:

DER MARKT BEWEGT SICH IN TRENDS.

Ich habe bereits angedeutet, dass sich der Markt in Trends bewegt. Ein Aufwärtstrend ist dadurch charakterisiert, dass alle Zwischentiefs oberhalb einer steigenden Gerade liegen. Meist sind auch die Zwischenhochs immer höher als die vorherigen.

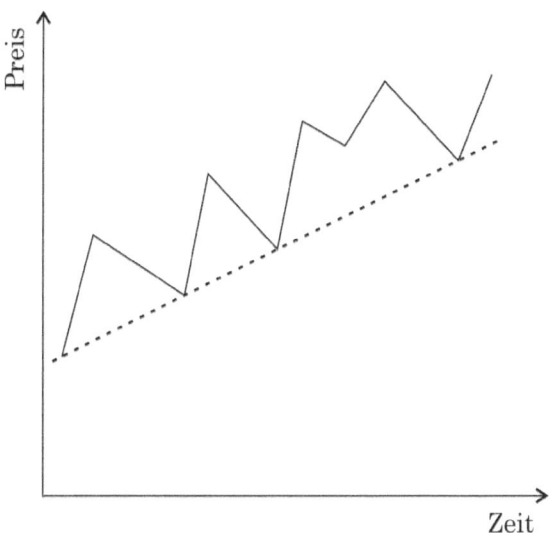

Abbildung 6.2: *Bei einem Aufwärtstrend liegen alle Zwischentiefs oberhalb einer steigenden Gerade. Immer wieder wird diese Gerade durch ein Zwischentief berührt und somit bestätigt.*

Manchmal wird die Gerade für einen kurzen Moment durchbrochen. Wenn man an dieser Stelle von einem Trendbruch ausgeht, würde man fallende Kurse erwarten. Wenn der Kurs danach in den Aufwärtstrend zurückkehrt, handelte es sich um eine sogenannte Bärenfalle. D.h. die Bären (die, die fallende Kurse erwarten) wurden auf dem falschen Fuß erwischt. Sie sind sozusagen in die Falle getappt, wenn sie auf fallende Kurse spekuliert haben und somit einen Verlust erleiden. Und hier eine wesentliche Kritik an der Charttechnik: Man ist immer erst hinterher schlauer, um was für ein Chartmuster oder Signal es sich wirklich handelte, in diesem Fall: Trendbruch oder Bärenfalle?

Bei einem Abwärtstrend liegen alle Zwischenhochs unterhalb einer fallenden Gerade. Wie 2018 beim DAX (s. Abbildung 6.3).

Abbildung 6.3: *Hier ist ein Candlestick-Chart des DAX im Zeitraum vom 01. April 2018 bis zum 31. März 2019 dargestellt. Die Abbildung ist ein Screenshot aus der Software Tradesignalonline.*

Exkurs Charttechnik

Im Oktober 2018 beschleunigte sich der Abwärtstrend. Es herrschte eine gewisse Panik, die Stimmung am Markt war wegen des US-chinesischen Handelsstreits und des Brexit-Hickhacks schlecht. Viele Aktionäre veräußerten ihre Anteile und waren dann nicht mehr oder nur noch geringer investiert. Das ist ein gutes Indiz dafür, dass der Tiefpunkt bald erreicht ist.

Meiner Schwester hatte ich diese Börsenweisheit Anfang März 2019 geschickt. Damals sprang der Index über die eingezeichnete fallende Gerade, was in der Charttechnik auf weiter steigende Kurse hindeutet. Aber wenn ich in den letzten Jahren eines gelernt habe, ist es: es kann jederzeit alles passieren. Damals galt es noch den Trendbruch zu bestätigen. Es hätte genauso gut eine Bullenfalle sein können. Es erfolgte dann im März 2019 zweimalig ein Pullback, d.h. der Trendbruch wurde bestätigt, indem der Kurs noch einmal bis auf die abwärtsgerichtete Gerade fiel und von da nach oben abprallte. Tatsächlich folgte dann ein starker Aufwärtstrend, der bis Februar 2020 intakt war. Manchmal ist also auch die Charttechnik wie aus dem Lehrbuch am Aktienmarkt zu beobachten, aber häufig genug irrt man sich, wenn man sich auf sie verlässt. Außerdem ist zu erkennen, dass man viel Performance verschenkt, wenn man wartet, bis der Trend gebrochen ist, um ihm dann zu folgen. Andererseits kann es jedoch auch sein, dass die Kurse tiefer fallen als gedacht.

Börsenweisheit des Tages Nr. 20:

UNTERSTÜTZUNGEN UND WIDERSTÄNDE

Ein vorher ausgebildetes Hoch (und auch ein Tief) wird zu einer Unterstützung (und auch zu einem Widerstand). Im Prinzip heißt das, dass Kurse von diesen Zonen zunächst abprallen – in der Theorie zumindest. Nähert sich der Kurs von oben, spricht man von einer Unterstützung, nähert er sich von unten, von einem Widerstand. Siehe hierzu Abb. 6.4.

In der Praxis ist das manchmal ganz gut, manchmal weniger gut zu beobachten. Man kann sich für die Positionierung seiner Orders daran erinnern, aber man sollte Widerstände und Unterstützungen gewiss nicht überbewerten, da sie auch nur für eine kurzfristige Orientierung dienen. Langfristig ist vielmehr die Entwicklung des Unternehmens entscheidend.

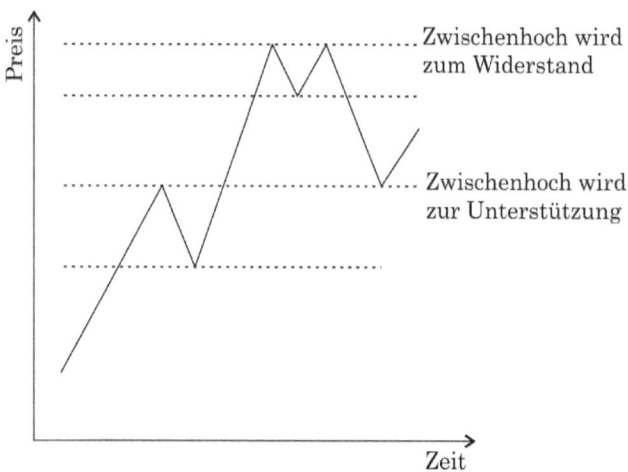

Abbildung 6.4: *Zwischenhochs und Zwischentiefs werden im weiteren Verlauf des Aktienkurses zu Unterstützungen und Widerständen.*

Bei Widerständen und Unterstützungen spricht man auch von „charttechnischen Hürden". Charttechniker begnügen sich übrigens mit Gewinnwahrscheinlichkeiten von etwas mehr als 50%. Um mit einer solchen Strategie erfolgreich zu sein, benötigt man meines Erachtens Glück und als Mathematiker kenne ich das Gesetz der großen Zahlen, welches besagt, dass bei genügend häufiger Anwendung, die relative Häufigkeit nah genug an der Gewinnwahrscheinlichkeit liegt, die im besten Fall knapp über 50% liegt. Das würde bedeuten, dass eine solche Strategie in der Tat seine Berechtigung hat, jedoch sind da eben noch die knapp 50%, in denen man verliert und eine Negativ-Serie kann manchmal länger sein als man denkt. Wenn man dabei seine Emotionen nicht kontrollieren kann oder zu viel Kapital eingesetzt hat, nutzt einem der statistische Vorteil nichts, da man seine Strategie vielleicht selbst anzweifelt und nicht konsequent umsetzt.

Charttechniker arbeiten mit Stopp Loss, was nicht den eingestellten Kurs garantiert, denn lediglich bei Erreichen der Stopp Loss-Marke wird eine Billigst-Order ausgeführt. Meiner Meinung nach ein Spiel mit dem Feuer, denn in volatilen[65] Marktphasen kann der Aus-

---

[65]Volatil bedeutet stark schwankend. Meist nimmt die Volatilität in Abwärtsbewegungen zu, da die Kurse dann durch Panik getrieben werden. Eine Kaufpanik

Exkurs Charttechnik

führungskurs dann mal weit weg von der Stopp Loss Marke sein, womit man seinen Verlust begrenzen wollte.

Börsenweisheit des Tages Nr. 21:

SCHULTER-KOPF-SCHULTER-FORMATION, ODER KURZ SKS-FORMATION

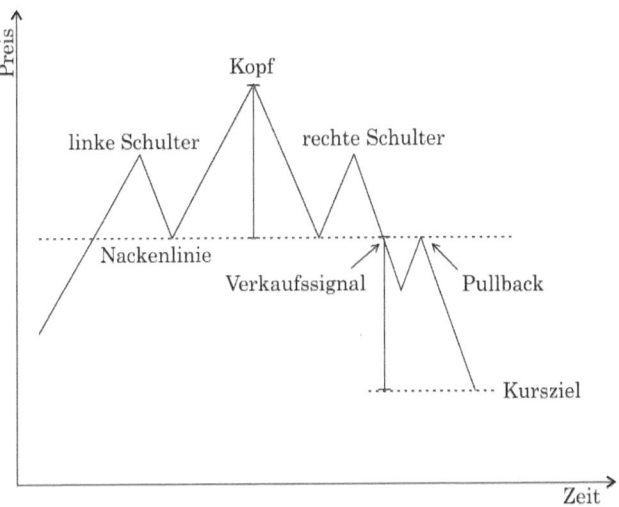

Abbildung 6.5: *Die Schulter-Kopf-Schulter-Formation ist ein Chartmuster, das ein Verkaufssignal generiert und als verlässlich gilt.*

Eine SKS-Formation entsteht wie in der Abbildung 6.5 durch drei Hochs, zwei etwa gleich hohe außen und ein höheres in der Mitte. Wenn die Nackenlinie nach unten durchbrochen wird, ist die Formation vollendet und ein Verkaufssignal entsteht mit Kursziel in Höhe des mittleren Hochs von der Nackenlinie gerechnet. Auch hier gibt es Fehlsignale und eine umgekehrte SKS-Formation, die in Abbildung 6.6 dargestellt ist. Bei Vollendung generiert sie ein Kaufsignal.

---

ist dann doch eher selten.

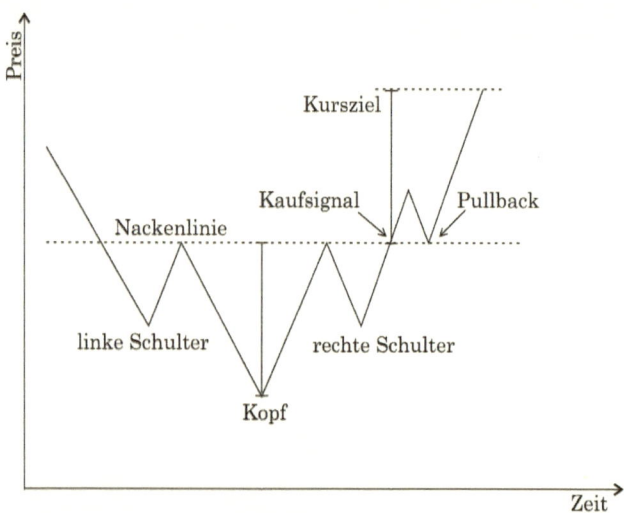

Abbildung 6.6: *Die umgekehrte Schulter-Kopf-Schulter-Formation entsteht entsprechend durch drei Zwischentiefs und wird vollendet durch einen Ausbruch über die Nackenlinie. Hierbei handelt es sich um ein Kaufsignal.*

Börsenweisheit des Tages Nr. 22:

DER HAMMER

Heute bringe ich mal einen richtigen „Hammer". Ein Hammer ist eine Kerze mit einem kleinen Kerzenkörper und einer langen Lunte[66] und möglichst keinem Docht nach oben. Nach einem Abwärtstrend gilt ein Hammer als Trendwendeindikator. Stimmt das wirklich? Ist ein schwarzer oder ein weißer Hammer besser?

Ich habe dies mal beispielhaft für den DAX nachgerechnet. Wenn man den Faktor Abwärtstrend unberücksichtigt lässt, kommt man auf etwa 64% Verlusttrades. Und das noch vor Berücksichtigung der Transaktionskosten. Also ist die Zahl in der Praxis sogar noch höher. Ich habe mal verschiedene Szenarien in einem Backtest durchgespielt. Am erfolgreichsten war die folgende Einstellung: Ich suche im histori-

---

[66]Bezeichnung für den unteren Docht. Die Lunte soll nach Lehre der Charttechnik mindestens doppelt so lang sein wie der Kerzenkörper.

Exkurs Charttechnik 53

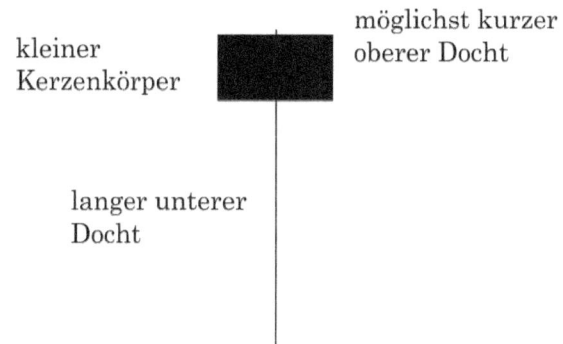

Abbildung 6.7: *Der Hammer ist eine Kerze mit kleinem Kerzenkörper und einer langen Lunte. Der obere Docht soll möglichst kurz sein. Nach einem Abwärtstrend wird dem Hammer die Indikation einer Trendumkehr nachgesagt.*

schen Kerzenchart des DAX Hammer, bei denen die Lunte mindestens zwei Mal so lang ist wie der Kerzenkörper und der obere Docht maximal das 0,06-fache der gesamten Kerzenlänge (inkl. Docht und Lunte) beträgt. Ich eröffne direkt zu Handelsbeginn des Folgetags nach Ausbildung eines solchen roten Hammers eine Position, wenn es seit der fünftletzten Kerze mindestens einen Kursverlust von 3% gab. Ich setze sofort nach Kauf einen Stopp Loss 2% unter dem Kaufkurs.

Wenn während der Haltedauer der Stopp Loss nicht ausgelöst wird, verkaufe ich am Ende der achten Kerze. Dann habe ich pro Trade eine durchschnittliche Rendite von 4,78% vor Transaktionskosten erwirtschaftet und „nur" noch 50% Verlusttrades. Allerdings hätte ich den DAX seit 1998 dann nur zwölf Mal[67] handeln können, was vor Transaktionskosten insgesamt 57% Wertzuwachs sind. Die häufigen Käufe und Verkäufe schmälern das Ergebnis noch erheblich und hinzukommt, dass der DAX in diesem Zeitraum 187% zugelegt hat.

Also auch wenn die Strategie zunächst vielversprechend klingt, scheint es doch schwer, damit eine Outperformance gegenüber dem Markt erzielen zu können. Außerdem brauche ich sehr starke Nerven und gutes Durchhaltevermögen, denn es kann durchaus sein, dass die ersten zehn Trades allesamt Verlusttrades sind. Da kann man schon mal ins Zweifeln geraten, ob man damit erfolgreich sein wird. Erschwe-

---

[67] Betrachtungszeitraum war bis Ende 2018.

rend kommt hinzu, dass das Beispiel theoretisch ist und es mir wohl nicht gelingen wird, immer den ersten Kurs zu kaufen, den letzten zu verkaufen und als Stopp Loss genau die 2% unter Kaufkurs zu realisieren. Der schwarze Hammer ist in dem Beispiel besser als der weiße. Meine Interpretation ist, dass die Aussagekraft des Kaufsignals grundsätzlich die gleiche ist, aber bei einem schwarzen Hammer habe ich noch mehr Aufholpotential nach oben und damit eine höhere Rendite pro Trade.

Börsenweisheit des Tages Nr. 23:

BULLISH ENGULFING

Als weiteres Kaufsignal gilt das sogenannte Bullish Engulfing nach einem Abwärtstrend. Dieses Chartmuster besteht aus einer schwarzen Kerze und einer direkt nachfolgenden weißen Kerze, deren Kerzenkörper, den der schwarzen Kerze komplett umfasst (s. Abbildung 6.8).

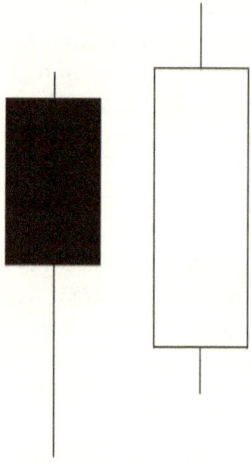

Abbildung 6.8: *Ein Bullish Engulfing besteht aus zwei Kerzen, einer schwarzen und einer weißen Kerze, deren Kerzenkörper den der schwarzen Kerze umfasst. Diese Formation gilt als bedeutendes Kaufsignal.*

Auch hier habe ich einen Backtest mit dem DAX gemacht. Es hat sich als günstige Situation erwiesen, für den vorausgegangen

Abwärtstrend die letzten zehn Kerzen zu betrachten und eine Abwärtsbewegung von mindestens 8% zu fordern. Dann habe ich bei einer Haltedauer von drei Kerzen und einem Stopp Loss von 2% eine durchschnittliche Rendite von 1,31% vor Transaktionskosten in Aussicht. In den Genuss einer solchen Situation wäre ich im DAX seit 1998 allerdings nur acht Mal[68] gekommen. Geringfügige Änderungen der Parameter können das Ergebnis bereits erheblich beeinflussen, sodass man nicht von einer guten statistischen Aussagekraft ausgehen kann und einige Ausreißer das Ergebnis hier entscheidend beeinflussen. Also auch diese Taktik erscheint mir wenig sinnvoll, obwohl diesem Signal eine große Bedeutung beigemessen wird.

Aufgrund der geringen Anzahl an Trading-Möglichkeiten trotz des langen Betrachtungszeitraums ist die statistische Aussagekraft der Auswertungen stark begrenzt und stark abhängig von den gewählten Parametern. Das Ergebnis wird erheblich von wenigen Ausreißern beeinflusst. So kann es sich bei Einzeltiteln wieder ganz anders verhalten und bei DAX-Titeln wieder anders als bei MDAX-Titeln. Generell kann man deswegen hier aus den Ergebnissen der Vergangenheit schwer auf die Zukunft schließen.

Börsenweisheit des Tages Nr. 24:

MUT ZUR LÜCKE?

Eine Kurslücke oder Gap entsteht, wenn beispielsweise der Eröffnungskurs des einen Tages höher ist als das Maximum von Vortagesschlusskurs und Vortageseröffnungskurs, d.h. der Eröffnungskurs liegt höher als der Kerzenkörper des Vortages. Man sagt, Gaps neigen dazu, sich zu schließen. Wenn das stimmt, kann man das ja zu seinem Vorteil nutzen.

Eine offiziell anerkannte Strategie geht so: bei einem Abwärtsgap wird eine Long-Position[69] eröffnet und sie wird verkauft, wenn die Kurslücke geschlossen ist, oder wenn das nicht passiert, am Ende des Handelstages. Ich habe diese Strategie wieder einem Backtest unter-

---

[68] Auch hier Betrachtungszeitraum bis Ende 2018.
[69] Man geht eine Long-Position ein, wenn man auf steigende Kurse setzt, z.B. durch den Kauf einer Aktie. Man kann auch auf fallende Kurse spekulieren. Man spricht dann von einer Short-Position. Das funktioniert mit so genannten Leerverkäufen. Hierfür leiht sich der Trader Aktien und verkauft sie in der Hoffnung, sie später günstiger zurückkaufen zu können und dann zurückzugeben.

zogen und wie oben historische Daten des DAX herangezogen. Wenn man sich mit einem Stopp Loss von beispielsweise 2% absichern möchte, hat man nur 40% Gewinntrades und eine durchschnittliche Rendite von −0,08% vor Transaktionskosten.

Es ist zwar zu beobachten, dass es nach einem starken Kurssturz meist eine technische Gegenbewegung nach oben gibt, aber selten wird diese Kurslücke am gleichen Tag geschlossen. Vielleicht werden sie sogar tatsächlich häufiger geschlossen als nicht geschlossen, aber sicher nicht innerhalb eines Tages.

Auch hier ist also mal wieder eindrucksvoll gezeigt, dass man seine eigenen Strategien, wenn man auf die Charttechnik setzt, unbedingt einem Backtest unterziehen sollte. Kleine Modifizierungen können große Auswirkungen im Ergebnis haben. Man sollte außerdem unbedingt die Transaktionskosten berücksichtigen, da das häufige Handeln diese in die Höhe treibt und die teils kleinen Margen stark reduziert oder sogar übersteigt.

Börsenweisheit des Tages Nr. 25:

EINE ABSCHLIESSENDE BEMERKUNG ZUR CHARTTECHNIK

Ich habe hier nur einzelne Strategien untersucht - und das auch nur isoliert. Auch in der Charttechnik sagt man, dass die Aussagekraft bestimmter Konstellationen größer ist, wenn mehrere Signale die gleiche Entwicklung andeuten. Das habe ich in meinen Analysen explizit nicht berücksichtigt. Zudem ist das Repertoire an Werkzeugen aus der Charttechnik noch deutlich umfassender.

Als weitere Kaufsignale, die ich hier nenne, aber nicht näher erläutere, gelten zum Beispiel die Verteidigung der 200-Tage-Linie, ein Morning Star oder eine breit angelegte Bodenbildung. Als weitere Verkaufssignale gelten zum Beispiel der Bruch der 200-Tage-Linie, ein Evening Star oder eine gescheiterte Bodenbildung.

Man kann in seine Strategien auch sogenannte charttechnische Indikatoren einbauen. Hier seien beispielhaft die gleitenden Durchschnitte, der MACD, der RSI, der Stochastik-Oszillator und die Bollinger-Bänder genannt.

Du musst theoretisch nichts über das Unternehmen wissen, wenn du nach Strategien, denen die Charttechnik zugrunde liegt, handeln möchtest. Aber bedenke, dass dich auch nichts davon abhalten würde,

Exkurs Charttechnik 57

in ein Unternehmen zu investieren, das Bilanzen fälscht oder kurz vor der Insolvenz steht. Wie ein Aktienkurs auf eine solche Nachricht reagieren würde, brauche ich glaube ich nicht weiter ausführen. Es ist fraglich, ob dein Stopp-Loss in solchen Situationen das machen würde, was du erhoffst.

Auch wenn du eine vielversprechende Strategie gefunden hast, der allein die Charttechnik zugrunde liegt, bedenke, dass die Negativserie lang sein kann und wenn du Verluste erwirtschaftest, musst du überproportionale Gewinne erzielen, nur um diese Verluste auszugleichen. Dies ist in der Tabelle 6.1 dargestellt:

Realisierter Verlust	Notwendiger Gewinn, um diesen Verlust auszugleichen
5%	5%
10%	11%
20%	25%
30%	43%
50%	100%
75%	300%
90%	900%

Tabelle 6.1: *Erleidet man einen Verlust, sind überproportionale Gewinne notwendig, um diesen Verlust auszugleichen. Bei Anwendung der Charttechnik spielt es eine ganz entscheidende Rolle, wie viel von seinem Kapital man bei einer Spekulation riskiert.*

Bei Interesse kannst du dir auf dem Gebiet der Chartanalyse weiteres Wissen selbst aneignen. Da meine Kritik an der Charttechnik aber hoffentlich deutlich geworden ist, möchte ich die Thematik hier nicht weiter vertiefen. Möchtest du lieber in erfolgreiche Unternehmen investieren oder auf Unbekannte spekulieren?

Bei aller Kritik halte ich es dennoch für einen Vorteil, zu verstehen, wie die Charttechnik funktioniert. Es kann helfen, einen besonders guten Zeitpunkt für sein Investment zu finden. Ich glaube nicht, dass man Candlestick-Formationen interpretieren muss, sondern man sollte sich eher anschauen, wo beispielsweise Unterstützungen verlaufen. Wenn eine Aktie bereits attraktiv bewertet ist, könnte man dort eine erste Tranche kaufen und abwarten, ob die Unterstützung hält und eine Trendwende erfolgt oder nach unten durchbrochen wird und die Aktie somit noch günstiger wird.

Kapitel 7

Vorzüge der langfristigen Geldanlage

Uns wird in den Medien beim Thema „Börse" immer ein Bild von einem hektisch winkenden Händler an der Wall Street vermittelt. Dies braucht es nicht, um an der Börse erfolgreich zu sein. Das langfristige Investieren bietet einige Vorteile. So akzeptiert man kurzfristige Schwankungen als etwas Normales und setzt stattdessen auf das Gewinnstreben der Unternehmen, das dann ganz automatisch eine positive Entwicklung des Aktienkurses zur Folge haben sollte, sofern nicht zuvor schon zu viel Positives vom Markt vorweggenommen wurde.

Börsenweisheit des Tages Nr. 26:

LANGFRISTIG DENKEN!

Wenn man in ein diversifiziertes Portfolio investiert, braucht man sich um das Timing umso weniger Gedanken machen, je länger man investiert bleibt. Im Englischen sagt man so schön: „Time in the market beats timing the market - almost always."[70]

In der Tabelle 7.1 habe ich einen etwa 26-Jahres-Zeitraum im DAX analysiert. In der ersten Spalte sieht man wunderbar, wie die Gewinnwahrscheinlichkeit zunimmt, wenn man länger investiert bleibt. Au-

---

[70]Fisher, Kenneth L. (2018): *You don't need perfect timing, just time, to earn big returns in the stock market*, Tysons Corner: USA Today

ßerdem reduzieren sich die Transaktionskosten. Auffällig ist insbesondere die durchschnittliche Tagesrendite von 0,0%! Warum sollte man sich als Day-Trader das Leben schwer machen, wenn man über Nacht reich werden kann? Gut, nicht innerhalb von einer einzigen Nacht, aber man sieht, dass die Rendite nachts eingefahren wird, während wir untätig sind und nicht tagsüber, wenn der Handel stattfindet. Was tagsüber passiert, scheint mehr oder weniger Zufall zu sein und sich langfristig auszugleichen, da die kurzfristig orientierten Händler an den Börsen von ihren Emotionen geleitet werden.

Anlage-horizont	Positive Rendite	Negative Rendite	Rendite Worst Case	Rendite Best Case	Durchschn. Rendite
1 Tag	52%	48%	−8,7%	11,8%	0,0%
1 Monat	60%	40%	−38,6%	26,0%	0,7%
1 Jahr	68%	32%	−58,0%	83,5%	9,6%
3 Jahre	74%	26%	−70,3%	188,5%	33,5%
5 Jahre	74%	26%	−56,8%	316,6%	51,7%
10 Jahre	89%	11%	−31,7%	244,0%	84,5%
15 Jahre	100%	0%	25,5%	465,8%	143,3%

Tabelle 7.1: *Für den Betrachtungszeitraum 14. Dezember 1993 bis 06. Juli 2020 habe ich den DAX hinsichtlich möglicher Renditen untersucht. Für den Zeitraum vor dem 14. Dezember 1993 lagen keine Intraday-Kurse vor. Hier sind noch keine Transaktionskosten berücksichtigt.*

Die Auswertungen wurden auf Grundlage historischer Kursdaten des DAX durchgeführt und es gibt natürlich keine Garantie, dass dies in Zukunft ähnlich aussehen wird. Ebenso gelten diese Aussagen zunächst nur für ein diversifiziertes Portfolio. Wenn man nur einzelne Titel im Depot hat, kann das natürlich ganz anders aussehen. Deswegen ist es bei einem konzentrierten Portfolio wichtig, sich über das Unternehmen zu informieren und zu überprüfen, ob die Aussichten für dieses Unternehmen weiterhin positiv sind.

Es wird sehr schön deutlich, dass das Timing umso weniger an Bedeutung gewinnt, je länger der Anlagehorizont ist. Kurzfristig bestimmen nämlich Emotionen die Preise an den Aktienmärkten, langfristig folgen sie der Entwicklung des Unternehmens.

Vorzüge der langfristigen Geldanlage 61

Börsenweisheit des Tages Nr. 27:

ACHTE NICHT AUF DIE TÄGLICHEN SCHWANKUNGEN!

In Abbildung 7.1[71] sehen wir die relative Entwicklung der Aktienkurse der beiden Aktiengesellschaften Allianz und HeidelbergCement, zwei DAX-Konzernen, im Zeitraum vom 01. Januar 2017 bis zum 31. Dezember 2019. Der Verlauf ist recht ähnlich. Die Aktien steigen gleichzeitig und sie fallen gleichzeitig - je nachdem wie gerade die Stimmung am Markt ist. Die logische Schlussfolgerung daraus ist, dass die täglichen Schwankungen der Börsenkurse für die langfristige Entwicklung der Aktien irrelevant ist und deshalb wenig Beachtung finden sollten. Spiele werden von Spielern gewonnen, die sich auf das Spielfeld konzentrieren und nicht von denen, deren Augen auf der Anzeigetafel kleben.[72] Schenkst du den Aktienkursen hingegen zu viel Beachtung, könnte im Zweifelsfall deine Performance darunter leiden, da du deine Emotionen nicht ausschalten kannst. Ich werde in Kapitel 8 näher darauf eingehen. Hier sehen wir ein weiteres Argument, warum man der Charttechnik nicht zu viel Aufmerksamkeit schenken sollte. Im gleichen Zeitraum von drei Jahren wurde HeidelbergCement an der Börse abgestraft, der Kurs sank um 23%, die Aktien der Allianz stiegen um 42%. Obwohl also die kurzfristigen Entwicklungen beider Aktienkurse meist in die gleiche Richtung gehen, entwickeln sie sich über einen längeren Zeitraum komplett unterschiedlich.

---

[71] Der Chart wurde mit der Software Tradesignalonline erstellt.
[72] vgl. Buffett, Warren (2014): Brief an die Aktionäre von Berkshire Hathaway 2013, https://www.berkshirehathaway.com/letters/2013ltr.pdf, 24.07.2020

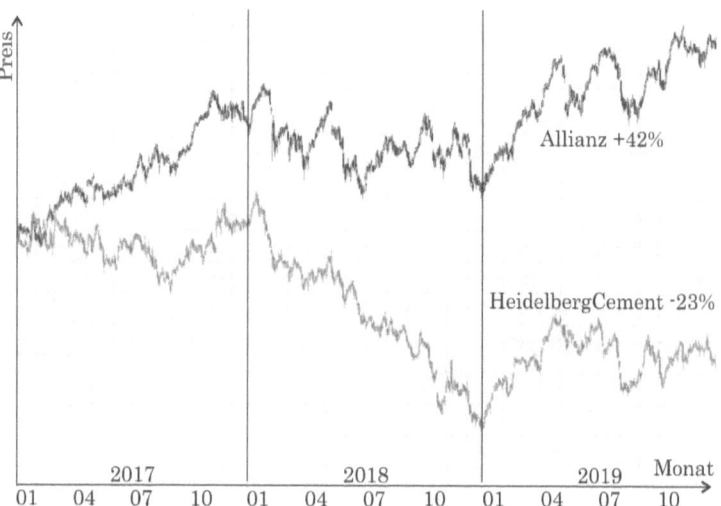

Abbildung 7.1: *Die Unternehmen Allianz und HeidelbergCement haben nicht viel gemeinsam, dennoch verlaufen die Kurven ähnlich, wenn auch in andere Richtungen.*

Kapitel 8

Emotionen beim Investieren

Emotionen sind beim Investieren in gewisser Weise natürlich - immerhin geht es um dein hart erspartes Geld. Du wirst jedoch mehr Erfolg an der Börse haben, wenn du deine Emotionen wie Angst und Gier kontrollieren kannst. Das gelingt dir nur, wenn du weißt, was du tust und für verschiedene Szenarien einen Plan hast.

Börsenweisheit des Tages Nr. 28:

> Kaufe nie eine Aktie, wenn du nicht damit leben kannst, dass sich ihr Kurs halbiert!

Wie wir in Abbildung 7.1 gesehen haben, sind Schwankungen am Aktienmarkt völlig normal. Je nach Stimmung am Markt können auch unterbewertete Aktien weiter fallen, ebenso wie überbewertete Aktien weiter steigen können. Wenn du das nicht aushältst, solltest du keine Aktien besitzen.

Ein weiterer Punkt ist aus meiner Sicht essentiell: Du musst dich mit der Größe deines Depots wohl fühlen. Wie fühlt es sich an, wenn bei einem Crash die Aktien deines Depots zwischenzeitlich um 50% fallen? Hast du noch Cash-Reserven, um in so einer Gelegenheit nachzukaufen? Traust du dich dann auch nachzukaufen oder siehst du nur, wie viel Geld du schon verloren hast und möchtest kein weiteres verlieren? Zwar muss man, wenn man vom von Albert Einstein als achtes Weltwunder betitelten Zinseszins profitieren möchte, zwangsläufig irgendwann große Summen im Depot verwalten, dennoch muss man sich mit der Größe wohl fühlen. Zum Glück wird man an der Börse nicht von heute auf morgen reich und mit dem durch positive Renditen größer werdenden Depot wächst auch das Wohlbefinden mit größeren Positionen in Aktien großartiger Unternehmen.

Du kannst dir zunächst ein Musterdepot anlegen und mal ein paar Aktien virtuell einkaufen (informiere dich vorher über Transaktionskosten bei deinem zukünftigen Broker oder deiner zukünftigen Bank und berücksichtige auch die), um etwas auszuprobieren. Man macht ja auch erst einen Führerschein bevor man mit dem Auto eigenständig am Straßenverkehr teilnehmen darf. Aber Vorsicht, mit deinem richtigen Geld verhältst du dich wahrscheinlich anders, weil du die Emotionen vielleicht zu Beginn eben nicht ausschalten kannst. Denk daran: Die erfolgreichsten Anleger sind die, die ihre Emotionen kontrollieren können und auch in extremen Situationen rational handeln. Deswegen ist es umso wichtiger einen Plan zu haben, von dem man sich überzeugt hat, dass er funktioniert und diesen konsequent befolgt.

Deswegen kann es statt einem Musterdepot sinnvoller sein, zunächst kleine Summen zu investieren. Bedenke, dass jeder einmal klein angefangen hat - auch Warren Buffett. Auch mit niedrigen Anlagesummen siehst du, ob deine Strategie funktioniert.

Börsenweisheit des Tages Nr. 29:

BEREITE DICH AUF EINEN BÖRSENCRASH VOR!

Ein Börsencrash kommt unvorhergesehen. Er kommt wahrscheinlich nicht, wenn alle ihn herbeireden. Wenn du nicht gut vorbereitet bist, kann ein solcher Crash beängstigend sein. Deswegen solltest du dir eine Strategie zurechtlegen, die damit umgehen kann. Was wirst du tun, wenn es zu einer solchen Situation kommt? Erst wenn die Flut zurückgeht, sieht man, wer die ganze Zeit ohne Badehose geschwommen ist.[73] Gehöre nicht zu den Nacktschwimmern!

Macht dieser Umstand der Unvorhersehbarkeit eines Crashs es vielleicht nötig, dass man immer etwas Cash bereithält, um von niedrigen

---

[73] vgl. Buffett, Warren (2002), Brief an die Aktionäre von Berkshire Hathaway 2001: https://www.berkshirehathaway.com/letters/2001pdf.pdf, 24.07.2020

Emotionen beim Investieren   65

Kursen profitieren zu können, indem man Aktien während eines Crashs kauft?

Handle nicht unüberlegt. Schau dir beispielsweise an, wie der Verlauf eines Crashs in der Vergangenheit gewesen ist. Wie weit ging es runter? Wie lange dauerte es, bis der Tiefpunkt erreicht war? Gab es zwischendurch deutliche Kurserholungen, dass man denken konnte, der Tiefpunkt sei bereits erreicht, es ging aber danach noch weiter runter? Denke gar nicht daran, erst im absoluten Tiefpunkt kaufen zu wollen - es wird dir nicht gelingen. Wenn doch, ist es Zufall. Kaufe stattdessen in Tranchen, um überhaupt von einem Crash zu profitieren.

Überprüfe zudem dein Portfolio. Haben sich für manche deiner Unternehmen die Erfolgsaussichten verschlechtert? Es kann manchmal sinnvoll sein, Aktien auch mit Verlust zu verkaufen. Dies sollte jedoch nicht aus Panik geschehen, sondern weil deine rationale Bewertung nur diesen Schluss zulässt.

Im März 2020 während des Corona-Crashs habe ich fast täglich Aktien gekauft und musste mich selbst bremsen, damit ich nicht schon früh mein ganzes Pulver verschieße, da ich einen länger anhaltenden Bärenmarkt erwartet hatte. Dennoch gehört es zu meiner Strategie, in einer ausgeprägten Korrektur nach einem allgemeinen Kursrückgang von 20-30% bereits aussichtsreiche, günstige Aktien zu kaufen. Ich erwarte, dass es zwischendurch Erholungen gibt und ich erwarte auch einen länger anhaltenden Bärenmarkt mit noch niedrigeren Kursen. Ich weiß nicht, ob der Corona-Crash vorbei ist oder nicht, aber es ist für mich auch nicht besonders wichtig.

Börsenweisheit des Tages Nr. 30:

DU MUSST NICHT ÜBERALL DABEI SEIN!

Manchmal mögen wir uns einreden, dass wir eine Chance verpasst haben. Wir verkaufen eine Aktie vermeintlich zu früh oder gehen einen bestimmten Trend überhaupt nicht mit. Als ich mit meiner heutigen Anlagestrategie begann, musste ich natürlich auch mein Depot umschichten. Das habe ich nicht von jetzt auf gleich getan, sondern habe insgesamt ein Jahr dafür gebraucht.

Damals hatte ich auch eine kleine Position in Hellofresh. Als ich meine erste Kochbox bestellen und stornieren wollte, weil mir die Rezepte nicht zusagten, habe ich für mich festgestellt, dass ich den Prozess noch nicht ausgereift fand. Ich verkaufte die Aktie mit einem kleinen Gewinn, weil ich für mich entschied, dass ich dieses Unternehmen langfristig nicht in meinem doch eher konzentrierten Depot sehe, auch wenn das Geschäftsmodell aussichtsreich zu sein schien. Es fühlte sich für mich eher an wie eine Spekulation, nicht wie ein Investment. Obwohl der Kurs danach deutlich stieg und sich innerhalb eines Jahres vervierfachte, fühlte ich mich wohl mit meiner Entscheidung, da dieses Unternehmen nicht meinen Auswahlkriterien entsprach.

Klar, hätte ich diese Performance gerne in meinem Depot gehabt, aber als Frau würde ich ja auch keine High Waist Jeans tragen, nur weil sie im Trend sind, wenn ich darin aussehe wie Obelix. Somit fühlte ich mich wohl damit, nicht dabei zu sein, weil ich diese Entscheidung ganz bewusst getroffen habe. In einem solchen oder ähnlichem Moment sollte man dann zu seiner Entscheidung stehen, solange sich nicht grundlegend etwas im Unternehmen verändert hat, denn der größte Fehler kann es sein, dem Kurs hinterherzulaufen. Man denkt sich vielleicht „Ich hatte damals doch Recht. Ich hatte das Unternehmen schon vorher auf dem Schirm. Jetzt will ich auch von der Kurssteigerung profitieren." Nein, musst du nicht, im Zweifelsfall steigst du nach deinem Verkauf der Aktie zu hoch ein und sie fällt wieder.

Börsenweisheit des Tages Nr. 31:

BILDE DIR DEINE EIGENE MEINUNG!

Viele klassische Börsenweisheiten widersprechen sich vermeintlich, bzw. sind so vage formuliert, dass deine Interpretation je nach Situation unterschiedlich ausfallen kann. So sagt man, man solle nicht ins fallende Messer greifen, was meiner Meinung nach bedeutet, man soll keine Aktien kaufen, die sich in einem intakten Abwärtstrend befinden. Andererseits gibt es den Rat von Carl Meyer von Rothschild, Aktien zu kaufen, wenn die Kanonen donnern, d.h. die Stimmung schlecht ist und das Gros der Anleger von weiter fallenden Kursen ausgeht. Befolgt man den ersten Rat, muss man konsequenterweise warten, bis ein Trendbruch erkennbar ist. Dann ist die Aktie aber oft schon wieder deutlich teurer geworden. Kursanstiege von über 25% seit dem Tiefpunkt bis zum Trendbruch sind dabei keine Seltenheit.

Außerdem besteht die Gefahr von Fehlausbrüchen[74]. Vielleicht gilt es auch zu unterscheiden zwischen Aktien eines Unternehmens, das sich schlecht entwickelt und reinen Panikverkäufen aufgrund der nervösen Situation am Gesamtmarkt. Ja, der Markt bewegt sich in Trends und fallende Aktien können weiter fallen, langfristig ist aber die Unternehmensentwicklung entscheidend für die Entwicklung des Aktienkurses. Meines Erachtens sollte man also eher ein Augenmerk auf die Bewertung eines qualitativ hochwertigen Unternehmens legen als auf den aktuellen Trend des Aktienkurses. Das gibt mir die Möglichkeit, bei einem neuen Aufwärtstrend sehr früh dabei zu sein. Deshalb ist es wichtig, eine eigene fundierte Meinung zu haben, um erkennen zu können, wann Aktien günstig sind. Das gelingt, indem man die Aktien als Unternehmensanteile versteht und versucht, das Unternehmen zu bewerten. Dazu mehr in der Börsenweisheiten des Tages Nr. 58-61, wenn ich das Discounted Cashflow Verfahren erkläre.

Eine eigene Meinung zum Wert einer Aktie und zu seiner Anlagestrategie zu haben ist außerdem enorm wichtig, da man sonst viel zu oft von anderen Menschen beeinflusst wird. Meinungen sind unterschiedlich. Und wenn ich viele verschiedene Meinungen von unterschiedlichen Menschen höre und zulasse, dass die mich alle beeinflussen, wird das nicht gut für mich ausgehen. Wenn mir ein Freund einen Aktientipp gibt und ich der Empfehlung ohne eigene Recherche folge und danach einen Verlust erleide, muss ich mir wie immer die Frage stellen: Welchen Fehler habe ich selbst gemacht? So ist es auch beim Katzen-Steak-Fiasko. Du kaufst dir ein leckeres Steak und freust dich den ganzen Tag darauf, es zu grillen. Du holst es extra vorher aus dem Kühlschrank und stellst es nach draußen auf den Tisch neben dem Grill, um es auf Zimmertemperatur zu bringen. Es soll perfekt werden. Du kannst dich kurz über die Katzen ärgern, wenn sie es stehlen, weil du einen Moment nicht aufgepasst hast. Aber dann musst du einsehen, dass es dein eigener Fehler war, denn die Katzen sind nur ihrem Instinkt gefolgt. Du hingegen weißt, dass die Katzen da sind und Steak lieben - genau wie du.

---

[74]Bullen- und Bärenfallen hatte ich bereits in der Börsenweisheit des Tages Nr. 19 angesprochen. Es liegt also scheinbar ein Trendbruch vor, die bullischen Charttechniker kaufen Aktien und der Kurs fällt wieder, dann ist der Bulle in die Falle getappt.

Börsenweisheit des Tages Nr. 32:

Die Absurdität der Medienberichterstattung über die Börse

Am 29. März 2019 titelte ntv über die Brexit-Abstimmungen im britischen Unterhaus und seine Auswirkungen auf den Finanzmarkt: „Brexit-Deal versetzt Pfund einen Schlag."[75] Was erwartest du bei solch einer Überschrift? Dass das Pfund gegenüber anderen Währungen um 8-10% gefallen ist? Es waren gegenüber dem Euro gerade einmal −0,2%! Gut, Schwankungen fallen bei Devisen in der Regel geringer aus als bei Aktien. Dennoch zeigt es die Absurdität der Medienberichterstattung über die Börse, Aktien- und Devisenkurse. Alles wird dramatisiert, um Aufmerksamkeit zu generieren und viele Klicks zu bekommen.

Gib also nicht zu viel auf die Interpretationen Anderer und lies nicht nur Überschriften. Weil die Art und Weise der realen Medienberichterstattung über die Börse so absurd ist und uns stets vorgegeben wird, wie wir uns fühlen sollen, hier noch ein Auszug aus Benjamin Grahams „Intelligent Investieren":

> *Aktien erleiden Einbrüche, und deshalb schalten Sie ihr Fernsehgerät ein, um die aktuellsten Wirtschaftsnachrichten mitzubekommen. Doch stellen Sie sich vor, dass Sie, anstatt CNBC oder CNN einzuschalten, plötzlich im Benjamin Graham Financial Network landen. Auf BGFN hören Sie nicht den berühmten Klang der Schlussglocke der NYSE, das Bild erfasst nicht die Broker, die wie verärgerte Hamster über das Parkett flitzen. Außerdem zeigt BGFN nicht die Spuren der Anleger, die auf gefrorenen Fußwegen nach Luft schnappen, und auch nicht die roten Pfeile, die auf den elektronischen Anzeigetafeln aufblinken.*
>
> *Stattdessen ist das Bild, das den Bildschirm füllt, das der Fassade der NYSE, geschmückt mit einem großen Banner, auf dem steht: „AUSVERKAUF! Preisermäßigungen um 50%". [...] Dann gibt der Moderator fröhlich bekannt: „Die Aktien wurden heute wieder deutlich attraktiver, da der*

---

[75] ntv Nachrichtenfernsehen GmbH: https://www.n-tv.de/wirtschaft/der_boersen_tag/Der-Boersen-Tag-am-Freitag-29-Maerz-2019-article20935546.html, 24.07.2020

Emotionen beim Investieren

Dow bei heftigen Umsätzen um weitere 2,5 Prozentpunkte fiel – das ist der vierte Tag nacheinander, an dem Aktien billiger wurden. [...]".

Die Nachrichtenredaktion schaltet nun zu Ignatz Anderson, dem Marktstrategen, der Wall-Street-Firma Ketchum & Skinner, der sagt: „Meine Prognose ist, dass die Aktien bis Juni weitere 15% verlieren werden. Ich bin vorsichtig optimistisch, denn wenn alles gut läuft, könnten die Kurse um 25% nachgeben, vielleicht sogar stärker". Der Moderator sagt daraufhin fröhlich: „Hoffen wir, dass Ignatz Anderson Recht behält. Fallende Aktienkurse wären eine wunderbare Nachricht für jeden Investor mit einem weiten Anlagehorizont."[76]

Medien geben uns vor, wie wir uns bei steigenden oder fallenden Börsenkursen fühlen sollten. Dabei hängt das doch von deiner persönlichen Situation ab. Bist du beispielsweise nur mit einem geringen Betrag investiert und hast eine hohe Cash-Quote, kannst du dich freuen, wenn du großartige Unternehmen im Sonderangebot kaufen kannst. Wenn deine Haltedauer sehr lange ist, profitierst du nicht von kurzfristig hohen Kursen, auch wenn es sich gut anfühlt.

---

[76]Graham, Benjamin (2010): *Intelligent Investieren*, 10. Auflage, München: FinanzBuch Verlag, S. 242

Kapitel 9

Exkurs Rechnungslegung

Bevor wir uns der Bewertung von Unternehmen und deren Aktien zuwenden, sollten wir zunächst einige Grundlagen in der Rechnungslegung erarbeiten. Hier kann nur ein kurzer Überblick gewährt werden. Für ein tieferes Verständnis sollte weitere Literatur hinzugezogen werden. Empfehlen kann ich unbedingt das Buch „Einführung in das Rechnungswesen" von Jürgen Weber und Barbara E. Weißenberger. Zwar wird hier hauptsächlich die HGB-Rechnungslegung erklärt, jedoch gibt es auch jeweils Ausblicke, was die Unterschiede zur für uns wichtigen IFRS-Rechnungslegung sind. Für dieses Buch ist meiner Einschätzung zufolge wenig Grundwissen erforderlich und alle wichtigen Begriffe werden leicht verständlich erklärt.

Börsenweisheit des Tages Nr. 33:

BILANZ

Es gibt verschiedene Rechnungslegungsstandards. Während für in Deutschland tätige und nicht kapitalmarktorientierte Unternehmen das HGB maßgebend ist, ist bei kapitalmarktorientierten Unternehmen ein Jahresabschluss nach IFRS erforderlich. In den USA gibt es noch das US GAAP. Im Jahresabschluss eines Unternehmens finden wir eine Gewinn- und Verlustrechnung (GuV), eine Bilanz und eine Kapitalflussrechnung.

Wir fangen mit der Bilanz an. Sie ist unterteilt in Aktiva und Passiva.[77] In Summe muss auf der Aktivseite immer der gleiche Betrag herauskommen wie auf der Passivseite - die Bilanzsumme oder Bilanzlänge. Das liegt daran, dass die Passiva die Mittelherkunft angeben (z.B. Eigen- oder Fremdkapital) und die Aktiva die Mittelverwendung (z.B. kann Geld des Unternehmens in Gebäuden, Softwarelizenzen oder Produkterzeugnissen gebunden sein oder eben als Kassenbestand vorliegen):

Bilanz

Aktiva	Passiva
Anlagevermögen	**Eigenkapital**
Immaterielle Vermögensgegenstände	Gezeichnetes Kapital
Sachanlagen	Kapitalrücklagen
Finanzanlagen	Gewinnrücklagen
Umlaufvermögen	Gewinn- / Verlustvortrag
Vorräte	Jahresüberschuss / -fehlbetrag
Forderungen	**Rückstellungen**
Wertpapiere	**Verbindlichkeiten**
Zahlungsmittel	**Rechnungsabgrenzungsposten**
Rechnungsabgrenzungsposten	**Passive latente Steuern**
Aktive latente Steuern	
Aktiver Unterschiedsbetrag aus der Vermögensverrechnung	
Bilanzsumme	**Bilanzsumme**

Tabelle 9.1: *Die Bilanz besteht aus den Aktiva und den Passiva. Sie geben die Mittelverwendung und die Mittelherkunft an.*

Es bestehen für Unternehmen abhängig von der Rechtsform bestimmte Berichtspflichten. So müssen Unternehmen beispielsweise einen Jahresabschluss erstellen. Der Umfang ist abhängig von der Größe des Unternehmens. Die Vorschriften, wie der Abschluss zu erstellen ist, wie also bestimmte Sachen zu bewerten sind, was überhaupt angesetzt wird usw. steht in den jeweiligen Vorschriften (z.B. HGB (Handelsgesetzbuch) oder IFRS (International Financial and Reporting Standards)).

---

[77]vgl. § 266 HGB (2020)

Exkurs Rechnungslegung

Börsenweisheit des Tages Nr. 34:

ANLAGEVERMÖGEN

Widmen wir uns zunächst der Aktivseite der Bilanz und hier speziell dem Anlagevermögen. § 266 Abs. 2 HGB[78] sieht eine Gliederung des Anlagevermögens in immaterielle Vermögensgegenstände (selbst erstellte Software, gewerbliche Schutzrechte, Geschäfts- oder Firmenwert, etc.), Sachanlagen (Grundstücke und Bauten, technische Anlagen und Maschinen, etc.) und Finanzanlagen (Unternehmensbeteiligungen, etc.) vor.

Das HGB schreibt eine Bewertung des Anlagevermögens nach dem gemilderten Niederstwertprinzip vor. Grundsätzlich sollen die Vermögensgegenstände des Anlagevermögens mit den Anschaffungs- bzw. Herstellungskosten[79] bilanziert werden. Betrachten wir ein Beispiel: ein Unternehmen kauft Aktien eines anderen Unternehmens für 100.000 €. Steigt der Kurs auf 130.000 €, werden in der Bilanz nur 100.000 € ausgewiesen (Vorsichtsprinzip[80]). Deswegen auch Niederstwert, weil der geringere Wert angesetzt wird. Fällt der Kurs auf 80.000 €, hat das Unternehmen dann ein Wahlrecht (deswegen gemildert), ob es eine Abschreibung[81] vornimmt, wenn die Wertminderung nur vorübergehender Natur ist. Wie so oft gibt es Ausnahmen (beim Sachanlagevermögen).

Bei der Bilanzierung nach IFRS wird das Anschaffungskostenprinzip durchbrochen und eine Bilanzierung zu aktuellen Marktpreisen entweder erlaubt (immaterielle Vermögensgegenstände oder Sachanlagevermögen) oder vorgeschrieben (Bewertung von Finanzinstrumenten)[82].

---

[78] Stand 2020
[79] vgl. § 253 HGB (2020)
[80] vgl. § 252 HGB (2020)
[81] Bei einer Abschreibung würde der Wert in der Bilanz hier nicht mehr mit 100.000 € aufgeführt werden, sondern mit 80.000 €.
[82] vgl. IFRS 13 (2020): https://www.iasplus.com/de/standards/ifrs/, 24.07.2020

Börsenweisheit des Tages Nr. 35:

Umlaufvermögen

Vom Wortsinn her ist davon auszugehen, dass das Umlaufvermögen einem ständigen Austausch- bzw. Umschlagprozess unterliegt.[83] Das HGB gliedert das Umlaufvermögen in Vorräte (Rohstoffe, fertige und unfertige Erzeugnisse, etc.), Forderungen und sonstige Vermögensgegenstände (Forderungen aus Lieferungen und Leistungen[84]), Wertpapiere und Kassenbestand, Bundesbankguthaben, Guthaben bei Kreditinstituten und Schecks.[85]

Da Umlaufvermögen nicht dauerhaft im Unternehmen gebunden ist, kann man (vorübergehende) Wertminderungen nicht aussitzen, weswegen das strenge Niederstwertprinzip angewendet werden muss. Sinkt also der Wert des Umlaufvermögens muss diese Neubewertung in die Bilanz eingehen.[86] Bei der Bewertung der Vorräte nach IFRS wird bei Zugang mit Anschaffungs- bzw. Herstellungskosten bilanziert und danach zu jedem Bilanzstichtag ein Niederstwerttest durchgeführt. Ergibt sich ein niedrigerer Wert, muss eine außerplanmäßige Abschreibung vorgenommen werden. Ergibt sich ein höherer Wert als im Vorjahr, kann bis maximal zu den Anschaffungs- bzw. Herstellungskosten eine Zuschreibung erfolgen. Einzelheiten sind in den IAS (International Accounting Standards) nachzulesen.[87]

Beim Umlaufvermögen wird also auch nach IFRS etwas vorsichtiger bilanziert. Man könnte zunächst annehmen, dass dies gegen den informativen Charakter des IFRS-Abschlusses verstößt, jedoch hat dies aufgrund der relativ kurzen Umschlagzeiten keinen so großen Einfluss wie beim Anlagevermögen, bei dem Vermögensgegenstände durchaus Jahrzehnte verbleiben können und so erhebliche Bewertungsreserven anfallen können.

---

[83]vgl. Weber, Jürgen und Weißenberger, Barbara E. (2006): Einführung in das Rechnungswesen, 7. Auflage, Stuttgart: Schäffer-Poeschl Verlag, S. 123
[84]z. B. liefere ich als Unternehmen meine Produkte an Händler und räume ihnen ein, die Rechnung später zu bezahlen, damit weiß ich, dass da nochmal Geld kommen wird, aber noch ist es nicht da
[85]vgl. § 266 HGB (2020)
[86]vgl. § 253 HGB (2020)
[87]vgl. IAS 2 (2020): https://www.iasplus.com/de/standards/ias/, 24.07.2020

Exkurs Rechnungslegung

Börsenweisheit des Tages Nr. 36:

AKTIVER RECHNUNGSABGRENZUNGSPOSTEN

Wenn man ein Unternehmen nur einmal über seine gesamte Lebensdauer betrachten würde, wäre es relativ einfach den Erfolg zu messen. Man guckt dann, was verdient wurde und was ausgegeben wurde – eventuell muss man noch die Zahlungen auf einen Zeitpunkt diskontieren[88] und man ist fertig. Man will aber auch vorher wissen, ob ein Unternehmen erfolgreich ist und stellt deswegen eine Bilanz auf, um einen Periodenerfolg messen zu können. Dafür müssen wir Zahlungen, Aufwendungen, etc. der richtigen Periode zuordnen. Ein Hilfsmittel ist der aktive Rechnungsabgrenzungsposten.

Den aktiven Rechnungsabgrenzungsposten braucht man, wenn Aufwendungen im alten Jahr bezahlt wurden, wirtschaftlich aber in das Folgejahr gehören.[89] Ein Beispiel ist die Miete für Januar, die schon im Dezember gezahlt wird, oder Versicherungsbeiträge bei jährlicher Zahlweise für unterjährig abgeschlossene Verträge.

Börsenweisheit des Tages Nr. 37:

LATENTE STEUERN

Es gibt unterschiedliche Adressaten für „die" Bilanz. Die Handelsbilanz richtet sich an Unternehmensführung, Anteilseigner, Kreditgeber, etc. und dient der Information. Daneben gibt es noch die Steuerbilanz, die nur für das Finanzamt aufgestellt wird und für die Ermittlung der Steuern herangezogen wird.

Der Grund für latente Steuern[90] sind zeitliche Unterschiede in der Bewertung von Vermögensgegenständen, Schulden oder Rechnungsabgrenzungsposten. Hierzu ein Beispiel: Ein Unternehmen kauft eine Maschine für 500 €, die Nutzungsdauer nach Handelsrecht sei mit

---

[88]Unter Diskontierung versteht man die Bildung eines Barwerts. Man berücksichtigt dadurch den Zeitwert des Geldes. 100 € in zehn Jahren sind unter der Annahme einer konstanten Verzinsung von beispielsweise 2% genauso viel wert wie 82 € heute. Die 100 €, die ich in zehn Jahren erhalte, haben bei meiner heutigen Betrachtung den Wert: $100 \text{ €} \cdot \frac{1}{(1+2\%)^{10}} = 82 \text{ €}$.

[89]vgl. § 250 HGB (2020)

[90]vgl. § 274 HGB (2020)

fünf Jahren anzusetzen, nach Steuerrecht mit zehn Jahren. Die Abschreibungen in den ersten zehn Jahren sind dann:

1. nach Handelsrecht: $(100, 100, 100, 100, 100, 0, 0, 0, 0, 0)$,
2. nach Steuerrecht: $(50, 50, 50, 50, 50, 50, 50, 50, 50, 50)$.

Zu Beginn ist aufgrund der höheren Abschreibung der Jahresüberschuss nach Handelsrecht kleiner, nach fünf Jahren größer. Da der Jahresüberschuss gemäß Steuerrecht für die Steuerberechnung zugrunde gelegt wird, wurde aus HGB-Sicht die Steuer zu früh bezahlt. Die Differenz ist eine latente Steuer, die auf der Aktivseite der Bilanz angesetzt werden darf.[91] Ganz ähnlich wie beim aktiven Rechnungsabgrenzungsposten. Ist umgekehrt zu Beginn der Jahresüberschuss gemäß Handelsrecht größer als gemäß Steuerrecht und nach einer gewissen Zeit umgekehrt, handelt es sich um eine passive latente Steuer, die auf der Passivseite der Bilanz angesetzt werden muss.[92]

Die Entstehung von latenten Steuern ist in der Abbildung 9.1 skizziert.

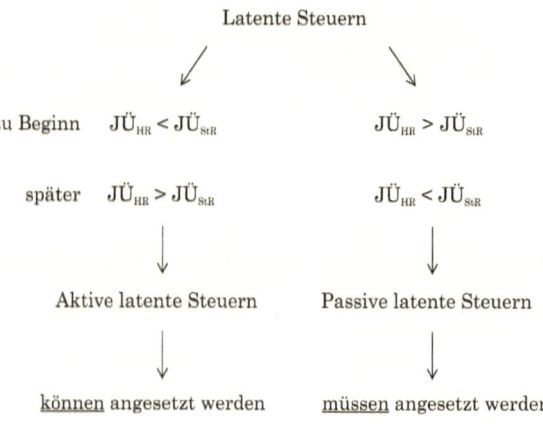

Abbildung 9.1: *Latente Steuern resultieren aus Bewertungsdifferenzen durch unterschiedliche Ansätze im Steuerrecht (StR) und Handelsrecht (HR). JÜ steht in der Abbildung für Jahresüberschuss.*

---

[91]Hierbei handelt es sich also um ein Wahlrecht.
[92]Hierbei handelt sich also nicht um ein Wahlrecht.

Exkurs Rechnungslegung

Börsenweisheit des Tages Nr. 38:

PASSIVER RECHNUNGSABGRENZUNGSPOSTEN

Wir wechseln auf die Passivseite der Bilanz und damit zur Mittelherkunft. Als passive Rechnungsabgrenzung wird der Vorgang bezeichnet, mit dem man Erträge aus dem Vorjahr, welche wirtschaftlich aber in das Folgejahr gehören, in das Folgejahr transferiert.[93] Typische Beispiele: Mieteinnahmen, Erlöse aus Abo-Modellen, etc.

Konkretes Beispiel: Eine Firma erhält für den Verkauf eines Jahresabos seiner Software im Juli 2020 den Jahresbeitrag für den Zeitraum bis einschließlich Juni 2021 gutgeschrieben. Die Hälfte dieser Zahlung ist ein Ertrag, der wirtschaftlich in das Folgejahr 2021 gehört. Deswegen muss die Hälfte des Betrags über das Konto Passive Rechnungsabgrenzungsposten („pRAP") abgegrenzt werden. Die Umsatzsteuer ist in voller Höhe im Jahr der Zahlung fällig.

Börsenweisheit des Tages Nr. 39:

FREMDKAPITAL

Das Fremdkapital ist eine Position auf der Passivseite der Bilanz. Das HGB sieht eine Differenzierung in Verbindlichkeiten und Rückstellungen vor.[94] Beim IFRS-Abschluss erfolgt eine Differenzierung zwischen lang- und kurzfristigen Verbindlichkeiten.[95]

Rückstellungen erfassen immer zukünftige Belastungen. Der Grund für diese Belastung wird in der Rechnungslegungsperiode verursacht oder das erste Mal sichtbar. Die Belastungen sind entweder in ihrer Höhe oder ihrer Fälligkeit nicht exakt bekannt. Nach den IFRS dürfen Rückstellungen nur dann gebildet werden, wenn mit einer Wahrscheinlichkeit von mindestens 50% mit einem Ressourcenabfluss gerechnet werden muss.[96] Bei der Bewertung von Rückstellungen ist ein Best Estimate Ansatz zu wählen. Eine besondere Rolle spielen die versicherungstechnischen Rückstellungen bei Versicherungsunternehmen. In der Lebensversicherung beispielsweise werden konstante Beiträge

---

[93]vgl. § 250 HGB (2020).
[94]vgl. § 266 HGB (2020).
[95]vgl. IAS 1 (2020): https://www.iasplus.com/de/standards/ias/, 24.07.2020
[96]vgl. IAS 37 (2020): https://www.iasplus.com/de/standards/ias/, 24.07.2020

über einen langen Zeitraum gezahlt. Das Risiko ändert sich aber mit dem Alter der versicherten Person. Ein Teil der Beiträge kommt deswegen in die Deckungsrückstellung. Verbindlichkeiten sind hingegen alle am Bilanzstichtag dem Grunde, der Höhe und der Fälligkeit nach feststehenden Schulden eines Unternehmens.[97]

Börsenweisheit des Tages Nr. 40:

Eigenkapital

Die letzte Größe der Bilanz ist das Eigenkapital. Es ist die Differenz aller Vermögenswerte (Aktiva oder auf Englisch assets) und der Schulden (alle anderen Größen auf der Passivseite (Englisch: liabilities)). Das Eigenkapital besteht aus:[98]

1. dem gezeichneten Kapital,

2. der Kapitalrücklage,

3. der Gewinnrücklage,

4. dem Jahresüberschuss/-fehlbetrag und

5. dem Gewinn-/Verlustvortrag.

Das gezeichnete Kapital ist das Kapital, auf das sich die Haftung der Gesellschafter für die Verbindlichkeiten gegenüber den Gläubigern beschränkt.[99]

Börsenweisheit des Tages Nr. 41:

Buchwert

Du solltest jetzt in der Lage sein, eine Bilanz zu interpretieren - zur Not mit zusätzlichem Nachschlagen einzelner Positionen. Hier kommt jetzt noch eine abschließende Bemerkung zum Thema Bilanz.
  Der Begriff „Buchwert" wird dir vielleicht ab und zu begegnen. Der Buchwert einer Aktie ist das Eigenkapital dividiert durch die Anzahl

---

[97]vgl. §§ 249, 253, 266 HGB (2020)
[98]vgl. § 266 HGB (2020)
[99]vgl. § 272 HGB (2020)

Exkurs Rechnungslegung

der ausstehenden Aktien. Manche ziehen das KBV (Kurs-Buchwert-Verhältnis) als Bewertungsgröße heran.

Als Residualgröße aus der Differenz von Vermögenswerten und Schulden scheint der Buchwert zunächst Auskunft über die aktuelle Netto-Vermögenssituation des Unternehmens zu geben. Allerdings bleiben Firmenwerte und immaterielle Vermögenswerte in dieser Rechnung enthalten. Teilweise kann diese Position sehr groß und schwer zu rechtfertigen sein. Denn bilanziert werden muss als Firmenwert das, was bei einer Übernahme oberhalb des Buchwerts bezahlt wurde. Ein Unternehmen kann für ein anderes Unternehmen ja auch einen zu hohen Preis bezahlen.

Meines Erachtens kann ein KBV von kleiner als 1 auf ein unterbewertetes Unternehmen hinweisen, aber ein genauerer Blick in die Bilanz ist unerlässlich und es kann außerdem nicht als einzige Kennzahl betrachtet werden, da die zukünftigen Gewinne berücksichtigt werden müssen. Genauer wird in der Börsenweisheit des Tages Nr. 59 darauf eingegangen.

Börsenweisheit des Tages Nr. 42:

GEWINN- UND VERLUSTRECHNUNG (GUV)

Wenn es nur darum ginge, die Höhe des Periodenerfolgs auszuweisen, kämen wir mit der Bilanz aus. Strukturaussagen über das Zustandekommen des Erfolgs liefert die GuV.[100] Die GuV wird in der so genannten Staffelform erstellt. Dadurch ist es möglich, Zwischenergebnisse zu bilden.

Nach § 275 HGB gibt es ein Wahlrecht für die Herleitung des betrieblichen Ergebnisses (auch operatives Ergebnis vor Steuern oder EBIT[101] genannt) zwischen dem Gesamtkostenverfahren und dem Umsatzkostenverfahren (s. Tabelle 9.2). Bei beiden Verfahren kommt das gleiche Ergebnis heraus.[102]

---

[100]vgl. Weber, Jürgen und Weißenberger, Barbara E. (2006): Einführung in das Rechnungswesen, 7. Auflage, Stuttgart: Schäffer-Poeschl Verlag, S. 201
[101]Earnings Before Interest and Taxes
[102]vgl. § 275 HGB (2020)

GuV

Gesamtkostenverfahren		Umsatzkostenverfahren	
	Umsatzerlöse		Umsatzerlöse
+/−	Erhöhung oder Verminderung des Bestands an fertigen und unfertigen Erzeugnissen	−	Herstellungskosten der zur Erzielung der Umsatzerlöse erbrachten Leistungen
+	andere aktivierte Eigenleistungen	=	**Bruttoergebnis vom Umsatz**
+	sonstige betriebliche Erträge	−	Vertriebskosten
−	Materialaufwand	−	allgemeine Verwaltungskosten
	a) Aufwendungen für Roh-, Hilfs- und Betriebsstoffe und für bezogene Waren	+	sonstige betriebliche Erträge
	b) Aufwendungen für bezogene Leistungen		
−	Personalaufwand:		
	a) Löhne und Gehälter		
	b) soziale Abgaben und Aufwendungen für Altersversorgung und für Unterstützung, davon für Altersversorgung		
−	Abschreibungen:		
	a) auf immaterielle Vermögensgegenstände des Anlagevermögens und Sachanlagen		
	b) auf Vermögensgegenstände des Umlaufvermögens, soweit diese die in der Kapitalgesellschaft üblichen Abschreibungen überschreiten		
−	sonstige betriebliche Aufwendungen		
=	**Betriebsergebnis**		
+	Erträge aus Beteiligungen, davon aus verbundenen Unternehmen		
+	Erträge aus anderen Wertpapieren und Ausleihungen des Finanzanlagevermögens, davon aus verbundenen Unternehmen		
+	sonstige Zinsen und ähnliche Erträge, davon aus verbundenen Unternehmen		
−	Abschreibungen auf Finanzanlagen und auf Wertpapiere des Umlaufvermögens		
−	Zinsen und ähnliche Aufwendungen, davon aus verbundenen Unternehmen		
+/−	Steuern vom Einkommen und vom Ertrag		
=	**Ergebnis nach Steuern**		
+/−	sonstige Steuern		
=	**Jahresüberschuss/Jahresfehlbetrag**		

Tabelle 9.2: *Die GuV wird in Staffelform erstellt und gibt Auskunft über die Struktur des Periodenerfolgs.*

Beim Umsatzkostenverfahren werden unter Herstellungskosten nur die Herstellungskosten, die für die umgesetzte Menge angefallen sind, angesetzt.[103] Der Vorteil des Umsatzkostenverfahrens ist, dass man erkennt, welcher preisliche Spielraum im Produkt noch vorhanden ist.

Bei den IFRS kann für die Ermittlung des betrieblichen Ergebnisses ebenfalls sowohl das Gesamtkostenverfahren als auch das Um-

---

[103] vgl. § 275 HGB (2020)

Exkurs Rechnungslegung

satzkostenverfahren verwendet werden.[104] Letzteres dominiert international und wird von immer mehr Unternehmen angewendet. Nur der Ansatz sonstiger betrieblicher Aufwendungen ist unter den IFRS nicht erlaubt.

Der Jahresüberschuss wird im Folgenden auch Nettogewinn genannt. Handelt es sich um einen Fehlbetrag, ist der Nettogewinn negativ.

Börsenweisheit des Tages Nr. 43:

„NIMM EINE JAHRESBILANZ NICHT ZU ERNST. SCHAU LIEBER, WAS ÜBER EINEN ZEITRAUM VON VIER BIS FÜNF JAHREN GESCHIEHT."[105]
- *Warren Buffett*

Der Geschäftsverlauf kann natürlich Schwankungen unterliegen, die auf unterschiedliche Ursachen zurückzuführen sind. Entscheidender ist die langfristige Entwicklung des Unternehmens. Die Entwicklung wird man erst erkennen, wenn man sich den Geschäftsverlauf von mehreren Jahren ansieht.

Vor allem auch auf die Quartalsergebnisse sollte man kein zu großes Augenmerk legen. In Berkshires Geschäftsmodell sind die Entwicklungen der Aktienkurse der Beteiligungen kurzfristig weitestgehend unwichtig, sodass Berkshire sich hier im Wesentlichen auf die Angabe von gesetzlich angeforderten Informationen beschränkt und nur einmal im Jahr ausführlich im Jahresbericht an die Aktionäre berichtet. Allerdings gibt es von Branche zu Branche Unterschiede und so gibt es Unternehmen, die traditionell ein starkes Weihnachtsgeschäft haben und im letzten Quartal eines Kalenderjahres den Hauptumsatz des gesamten Jahres machen. In solchen Unternehmen kann es nicht ganz uninteressant sein, auch unterjährig mal in die Quartalsergebnisse zu schauen.

---

[104]vgl. IAS 1 (2020): https://www.iasplus.com/de/standards/ias/, 24.07.2020
[105]vgl. https://www.quotemaster.org/q78ec93df73ad0edaa13f731d04a8f7d8, 27.09.2020

Kapitel 10

Die zwölf Business Principles

Warren Buffett würde niemals konkrete Investmentideen veröffentlichen, wohl aber macht er kein Geheimnis aus seiner Anlage-Philosophie und teilt sein Wissen gerne mit uns. Für Berkshire hat er 1983 ein kleines Handbuch - das Owner's Manual[106] - für die Berkshire-Aktionäre mit 13[107] Business Principles verfasst, nach denen er seine Investmententscheidungen für Berkshire ausrichtet. Daraus können wir auch viel für unser eigenes Investmentverhalten lernen, sodass wir damit, mit weiteren Quellen und meinen eigenen Erfahrungen zwölf Business Principles für uns ableiten können. Sie geben uns Qualitätsmerkmale für Unternehmen und das Management, quantitative Bewertungskriterien und Gründe, eine Aktie zu verkaufen.

---

[106]Die Original-Version findest du auf der Homepage von Berkshire unter der Rubrik Owner's Manual: https://www.berkshirehathaway.com/ownman.pdf, 24.07.2020

[107]Mittlerweile sind es 15.

Börsenweisheit des Tages Nr. 44:

Prinzip Nr. 1: Betrachte die Aktie als Anteil an einem Unternehmen, an dem du langfristig partizipieren möchtest![108]

Beim Kauf einer Aktie, solltest du dich so intensiv mit dem Unternehmen auseinander setzen wie du es beispielsweise bei einem Hauskauf machen würdest. Dein Investment sollte langfristig ausgelegt sein, denn dein Haus verkaufst du auch nicht eine Woche später wieder. Und genau diese Tatsache, dass du es als langfristiges Investment siehst, bringt dir einen entscheidenden Vorteil: der kurzfristig an der Börse gehandelte Preis ist für dich weitestgehend irrelevant, solange das operative Geschäft gut läuft. Es sei denn, der Preis fällt so tief, dass es für dich eine attraktive Möglichkeit ist, deine Position weiter aufzustocken.

Weil du dein Unternehmen sorgfältig ausgesucht hast, kannst du gut schlafen, auch wenn der Preis temporär fällt.

Tatsächlich beträgt der Umschlag an Berkshire-Aktien an der Börse nur einen Bruchteil von Aktien anderer großer amerikanischer Unternehmen - selbst wenn man Buffetts Positionen unberücksichtigt lässt. Berkshire-Aktionäre scheinen sich also zumindest diesen Rat zu Herzen genommen zu haben und denken langfristig.

Börsenweisheit des Tages Nr. 45:

Prinzip Nr. 2: Ist das Unternehmen einfach und verständlich?[109]

Um die Situation des Unternehmens beurteilen zu können, muss ich das Unternehmen und sein Geschäftsmodell verstehen.

Es ist wichtig, zu verstehen, wie das Unternehmen sein Geld verdient. Wie hoch ist der Kapitaleinsatz? Wie hoch sind die Margen? Ist das Geschäftsmodell skalierbar? Kann ich sinnvolle Prognosen für das Unternehmen in die Zukunft machen? Eine wichtige Grundannahme

---

[108]vgl. Buffett, Warren (1983): Owner's Manual, `https://www.berkshirehathaway.com/ownman.pdf`, 24.07.2020, 1.
[109]vgl. Buffett, Warren (1987): Brief an die Aktionäre von Berkshire Hathaway 1986, `https://www.berkshirehathaway.com/letters/1986.html`, 24.07.2020

Die zwölf Business Principles

dieses Buches ist es, dass Aktien als ein Vielfaches der Gewinne zu bewerten sind. Dies muss ich eventuell noch um das Gewinnwachstum bereinigen und wie sind überhaupt die Gewinne definiert? Neben dem in der GuV ausgewiesenen Nettogewinn hat Warren Buffett den Begriff der Owner Earnings[110] geprägt. Wenn ich die Owner Earnings nicht hinreichend genau bestimmen kann, sollte ich vielleicht kein Investment in dieses Unternehmen eingehen.

Nur, wenn du das Unternehmen und das Geschäftsmodell hinreichend gut verstehst, kannst du die Chancen und Risiken des Geschäftsmodells vernünftig einschätzen.

Börsenweisheit des Tages Nr. 46:

Prinzip Nr. 3: KANN DAS UNTERNEHMEN EINE BESTÄNDIGE ERFOLGSGESCHICHTE VORWEISEN?

Start Ups haben zwar ein unglaublich hohes Wachstumspotential und wenn man in den richtigen Kandidaten früh genug investiert, reicht dies schon aus, um reich zu werden. Jedoch müssen sie noch beweisen, dass ihr Geschäftsmodell funktioniert, sie damit Geld verdienen und langfristig im Wettbewerb bestehen können. Ertragreiches Geschäft zieht Wettbewerb magisch an und ohne Wettbewerbsvorteil werden die Margen sinken. Wie halten sich junge Unternehmen in Krisenzeiten? Den richtigen Kandidaten mit genügend großer Sicherheit früh ausfindig zu machen, ist nahezu unmöglich, deswegen für Buffett eher uninteressant. Manchmal sieht man durch den Rückspiegel eben klarer als durch die Windschutzscheibe.[111]

Buffett investiert lieber in große Unternehmen, die schon lange existieren und kurzfristig Probleme haben, die aber lösbar sind.[112] Wenn sich ein Unternehmen hingegen in einem strukturellen Wandel befindet, ist dies selten mit außerordentlichen Renditen verbunden.[113]

Ein weiterer Grund, warum Buffett lieber in große Unternehmen investiert, ist der Größe seiner Beteiligungsgesellschaft Berkshire Hathaway geschuldet. Mit kleinen Unternehmen könnte er eine höhere Rendite erwirtschaften, da diese meist weniger Aufmerksamkeit durch

---

[110] vgl. Prinzip Nr. 11
[111] vgl. Buffett, Warren (1992), Brief an die Aktionäre von Berkshire Hathaway 1991: https://www.berkshirehathaway.com/letters/1991.html, 24.07.2020
[112] vgl. businessweek, 1999
[113] vgl. Buffett, Warren (1988): Jahresbericht von Berkshire Hathaway 1987

die Öffentlichkeit und Analysten erfahren und so die Wahrscheinlichkeit für eine temporäre Falschbewertung durch den Markt größer ist. Er müsste jedoch so viele Beteiligungen kaufen, dass er nicht über alle in der nötigen Detailtiefe informiert sein könnte.

Börsenweisheit des Tages Nr. 47:

Prinzip Nr. 4: HAT DAS UNTERNEHMEN GUTE LANGFRISTIGE AUSSICHTEN?[114]

Um ein Unternehmen wie in Prinzip Nr. 1 beschrieben langfristig halten zu können, müssen natürlich auch die Zukunftsaussichten des Unternehmens gut sein. Allein aus der Erfolgshistorie resultiert natürlich noch kein Erfolg in der Zukunft. Das Geschäftsmodell muss auch künftig funktionieren. Selbst eine zum aktuellen Zeitpunkt scheinbar günstige Bewertung nutzt für die langfristige Anlage nichts, wenn die Zukunftsaussichten schlecht sind, das Unternehmen nicht mehr wachsen kann oder nicht mehr in der Lage ist, Gewinne zu erwirtschaften.

Ben Graham kaufte unterbewertete Aktien, und verkaufte sie nach ein paar Jahren, wenn sie ihren fairen Wert erreicht hatten. Phil Fisher[115] war bereit, etwas mehr als den fairen Preis zu bezahlen, wenn das Unternehmen in der folgenden Dekade starke Wachstumsaussichten hatte. Buffett verknüpfte diese beiden Anlagephilosophien. Laut eigener Aussage ist er 85% Ben Graham und 15% Phil Fisher.[116] Damit schränkt Buffett sich in der Auswahl seiner Investments natürlich weiter ein, aber er genießt die Vorzüge von beiden Strategien:

1. Durch den Kauf unterbewerteter Aktien hat er eine Sicherheitsmarge in seiner Kalkulation.

2. Durch die langfristig guten Aussichten ist er in der Lage, das Unternehmen langfristig zu halten. Durch die langfristige Geldanlage genießt er einen Steuerstundungseffekt. Siehe hierzu nochmal die Börsenweisheit des Tages Nr. 15.

---

[114]vgl. Buffett, Warren (2019): Brief an die Aktionäre von Berkshire Hathaway 2018: https://www.berkshirehathaway.com/letters/2018ltr.pdf, 24.07.2020

[115]Philip A. Fisher war Wertpapieranalyst und Vermögensverwalter aus Kalifornien und schrieb mit dem Buch „Common Stocks and Uncommon Profits" eines der meistverkauften Bücher über Finanzthemen.

[116]vgl. Train, John (1987): *The Midas Touch*, New York: Harper & Row Publishers, Inc.

Die zwölf Business Principles   87

Im Zuge der Corona-Krise seit Anfang 2020 hat Buffett alle Fluggesellschaften veräußert und dabei war es lange Zeit eine seiner Lieblingsbranchen. Er erkannte, dass sich aufgrund des wirtschaftlichen Lock Down die Welt für Fluggesellschaften geändert hat. Zwar ersetzen die wegen der Kontaktbegrenzungen von Unternehmen durchgeführten Videokonferenzen laut Angaben vieler Manager und Führungskräfte nicht den persönlichen Kontakt, jedoch ist anzuzweifeln, dass das Flugverhalten geschäftlich wie privat nach der Krise das Gleiche wie zuvor sein wird. Mit dem hohen Kapitalaufwand[117], mit dem Fluggesellschaften ihr Geld verdienen, war diese Anlage für ihn scheinbar zu riskant geworden. Im September 2020, also noch mitten in der Corona-Krise, bin ich selbst geflogen. Wir waren gerade einmal zwölf Passagiere an Bord einer fast 190 Sitzplätze fassenden Boeing 737. Bei einem Ticketpreis von ca. 50 € kann eine Fluggesellschaft bei einer solchen Auslastung einfach keinen Gewinn erwirtschaften. Hinzu kommt, dass der Staat womöglich kein Unternehmen finanziell unterstützt, in dessen Hintergrund ein Großinvestor sitzt, der mit seiner Beteiligungsgesellschaft mehr als 100 Mrd. $ Cash zur Verfügung hat. Du lernst hier, dass du auch einen Warren Buffett nicht blind kopieren solltest, da er für sein Handeln andere Beweggründe haben könnte als du.

Börsenweisheit des Tages Nr. 48:

Prinzip Nr. 5: „TO FINISH FIRST, YOU MUST FIRST FINISH."[118]
- Ron Dennis, ein Indianapolis 500-Gewinner

Geld, das in Aktien angelegt wird, soll langfristig angelegt werden und das ist oftmals notwendig, da man nicht davon ausgehen kann, dass man die Aktie im Tiefpunkt gekauft hat. Auch unterbewertete Aktien, die wie ein attraktives Investment aussehen, können zunächst weiter fallen.

---

[117]Fluggesellschaften haben Einnahmen aus Ticketverkäufen und Verkäufen an Board, jedoch einen riesigen Kostenapparat, den sie bedienen müssen. Die Flugzeuge müssen gewartet werden, Reparaturen und Ersatzteile sind teuer, Personalkosten sind nicht zu unterschätzen und Flüge müssen durchgeführt werden, damit Fluggesellschaften ihre Slots an den Flughäfen nicht verlieren. Wenn die Auslastung der Flugzeuge wie in der Corona-Krise nun deutlich geringer ist, schlägt dies sofort auf das Ergebnis durch.
[118]vgl. Buffett, Warren (1983): Owner's Manual, https://www.berkshirehathaway.com/ownman.pdf, 24.07.2020, 7.

Du solltest nur Geld anlegen, das du längere Zeit nicht brauchst, geschweige denn dich dafür verschulden. Warren Buffett sagt dazu: „I've never believed in risking what my family and friends have and need in order to pursue what they don't have and don't need."[119] Eine Ausnahme, um Geld anzulegen, das einem nicht gehört sind zinslose Darlehen vom Finanzamt in Form von Steuern, die noch nicht bezahlt werden mussten, weil die Kapitalerträge noch nicht realisiert wurden. Dies ist nämlich ohne Risiko, da bei einem Verlust die Erträge entsprechend sinken und die aus den Kapitalerträgen zu zahlenden Steuern niedriger ausfallen würden.

Börsenweisheit des Tages Nr. 49:

Prinzip Nr. 6: IST DAS MANAGEMENT AUFRICHTIG ZU SEINEN AKTIONÄREN?[120]

Werden auch schlechte Geschäftszahlen aufrichtig präsentiert oder rühmt man sich nur mit Erfolgen? Jeder Manager trifft auch mal eine falsche Entscheidung, denn das ist menschlich. Wichtig ist, sich solche Fehler einzugestehen, zu erkennen, dass es ein (vermeidbarer) Fehler war und diese Fehler zu analysieren, um ihnen entgegenzuwirken und sie künftig zu vermeiden. Nur dann kann man aus Fehlern lernen.

Warren Buffett gab 2019 Fehler bei der Einschätzung von Kraft Heinz öffentlich zu. Er habe zu viel bezahlt und entschuldigte sich bei seinen Aktionären. Im Anschluss hat er die Transaktion neu bewertet und hat seine Aktionäre entsprechend informiert. Meine Schwester – Heinz-Ketchup-Fan – habe ich zu ihrem 28. Geburtstag zur stolzen Kraft Heinz-Aktionärin gemacht. Warren Buffett hält heute 26.7% am Unternehmen, bei meiner Schwester ist es etwas weniger.

In Bezug auf die Aufrichtigkeit zu seinen Aktionären kam spätestens im Juni 2020 mit dem Fall Wirecard noch ein weiterer Blickwinkel hinzu - Kriminalität. Seit Januar 2019 veröffentlichte die Financial

---

[119] vgl. Buffett, Warren (1983): Owner's Manual, https://www.berkshirehathaway.com/ownman.pdf, 24.07.2020, 7.
Übersetzung: „Ich war nie der Ansicht, dass es gut wäre, etwas zu riskieren, was Freunde und Familie haben, nur um etwas zu bekommen, was sie nicht haben und nicht brauchen."
[120] vgl. Buffett, Warren (1983): Owner's Manual, https://www.berkshirehathaway.com/ownman.pdf, 24.07.2020, 12.

Die zwölf Business Principles

Times regelmäßig Berichte über Unregelmäßigkeiten in der Wirecard-Bilanz. Markus Braun, der damalige CEO von Wirecard, dementierte zwar die Vorwürfe immer wieder, konnte sie jedoch nicht mit Beweisen unterlegt aus dem Weg räumen. Seit diesem Moment scheidet mit diesem Prinzip die Wirecard-Aktie als Investment aus. Im Juni 2020 platzte dann die Bombe. Der mehrmals vertagte Jahresabschluss für 2019 war vor Handelsbeginn an der Börse noch nicht veröffentlicht. Die Anleger wurden langsam nervös, gegen 10 Uhr morgens dann die Gewissheit - er wird heute auch nicht veröffentlicht werden. Innerhalb weniger Minuten fiel die Aktie um mehr als die Hälfte auf unter 45 €.

In den kommenden Tagen nahm das Drama weiter seinen Lauf. Wirecard meldete Insolvenz an, die Aktie fiel auf ca. 1,40 €. In einer Facebook-Gruppe, in der ich selbst Mitglied bin, bekam ich mit, wie jemand am ersten Tag des heftigen Kurssturzes stolz verkündete, dass er für 47 € nachgekauft hat. Ich sagte ihm, was ich hier geschrieben habe, dass Wirecard seit Januar 2019 nicht als Investment hätte in Frage kommen dürfen, wenn man dieses Prinzip beachten möchte. Wenn man in den Nachrichten Wörter wie „aufgeblähte Bilanz" liest, kann zu diesem Zeitpunkt niemand seriös abschätzen, was das Unternehmen wert ist. Und wenn in der Bilanz ausgewiesene 1,9 Mrd. € nicht auffindbar sind, ist das wahrscheinlich nicht das Ende der Fahnenstange. Banken können Kredite kündigen, sodass Wirecard Zahlungsschwierigkeiten bekommt. Die Marktkapitalisierung wird vermutlich nicht nur um 1,9 Mrd. € fallen. Ich hoffe, dass diese Person sich angehört hat, was ich zu sagen hatte. In ihr Depot schauen möchte ich allerdings nicht.

Es handelt sich hier um ein eher weiches Kriterium und selten wird ein Investment alle Ansprüche erfüllen. Mir hätte das also genauso passieren können, aber im obigen Fall sehen wir, wozu dieses Prinzip gut ist.

Natürlich ist es tragisch, wenn man mit einem solchen Investment viel Geld verliert, aber auch in diesem Fall sollten sich die Leidtragenden fragen, ob sie vielleicht selbst einen Fehler gemacht haben. Haben sie vielleicht nur selektiv die Nachrichten wahrgenommen, die sie hören wollten? Man sollte als Investor auch immer offen dafür sein, seine Meinung zu ändern.

Börsenweisheit des Tages Nr. 50:

Prinzip Nr. 7: INVESTIERE IN LANGFRISTIG DENKENDE MANAGER![121]

Manager sollten nicht kurzfristig die Gewinne des Unternehmens maximieren, um selbst gut dazustehen und kurzfristig Aktienkurse zu pushen, sondern langfristig den größtmöglichen Wert für ihre Aktionäre schaffen.

Es gilt herauszufinden, ob ein Manager so handelt, weil es von ihm erwartet wird oder ob er auch mal unangenehme Entscheidungen trifft, die langfristig jedoch für das Unternehmen und seine Aktionäre am sinnvollsten sind. Hier kann man als Beispiel die Dividendenpolitik eines Unternehmens aufführen. Trifft das Management sinnvolle Entscheidungen oder steigert es von Jahr zu Jahr die Dividende des Unternehmens, obwohl dadurch die Ausschüttungsquote kontinuierlich steigt, da die Gewinne sich nicht so entwickeln wie die Dividende? Das hätte nämlich zur Folge, dass die Dividenden, bzw. das Dividendenwachstum nicht nachhaltig sind.

Um die Aktionärsfreundlichkeit eines Managers zu beurteilen kann es auch sinnvoll sein, in die Vergütungsstruktur zu schauen. Haben Unternehmens-Insider im Verhältnis zum Einkommen hohe Aktienpositionen im eigenen Unternehmen, liegt ihnen wahrscheinlich selbst viel daran, für eine positive Entwicklung des Aktienkurses zu sorgen. In einer finanziell schwierigen Situation des Unternehmens werden vermutlich zunächst alle anderen Möglichkeiten überprüft, bevor neue Aktien zu niedrigen Kursen ausgegeben werden und diese somit den Wert der alten Aktien verwässern. John Mihaljevic schlägt eine ideale Insider-Beteiligung bei Small-Caps von 20% vor. Das ist genug, um an einer positiven Entwicklung des Aktienkurses interessiert zu sein, jedoch nicht zu viel, um sonstige Aktionärsinitiativen problemlos abwehren zu können.[122] Der Verzicht auf Boni bei schlechter Unternehmensentwicklung ist ebenso ein wichtiger Indikator für aktionärsfreundliches Verhalten des Managements.

---

[121] vgl. Buffett, Warren (1983): Owner's Manual, https://www.berkshirehathaway.com/ownman.pdf, 24.07.2020, 8.
[122] vgl. Mihaljevic, John (2020): *Das Value Investing Handbuch*, 4. Auflage, München: FinanzBuch Verlag, S. 269

Die zwölf Business Principles

Börsenweisheit des Tages Nr. 51:

Prinzip Nr. 8: HANDELT DAS MANAGEMENT RATIONAL?

Im Jahr 1996 hat Berkshire die Class B-Aktien herausgegeben und kommentiert, dass die Aktien von Berkshire nicht unterbewertet waren. Manche Aktionäre fanden das schockierend. Dabei hätten sie schockiert sein müssen, wenn sie bei Ausgabe der neuen Aktien unterbewertet gewesen wären.

Eine Ausgabe neuer Aktien ist nur sinnvoll, wenn die alten Aktien nicht unterbewertet sind. Es wäre sonst unfair den Altaktionären gegenüber, Wertpapiere für 80 Cent zu verkaufen, wenn sie 1$ wert waren.[123]

Ob das Management rational handelt, kann man auch am Rückkauf eigener Aktien beurteilen. Wird ein Aktienrückkaufprogramm um jeden Preis durchgezogen oder wartet das Management darauf, die eigenen Aktien zu einem attraktiven Preis zu kaufen? Denn nur durch den Rückkauf von unterbewerteten eigenen Aktien wird Wert für die Aktionäre geschaffen.

Börsenweisheit des Tages Nr. 52:

Prinzip Nr. 9: SUCHE UNTERNEHMEN MIT EINEM DAUERHAFTEN WETTBEWERBSVORTEIL!

Laut Warren Buffett kommt es bei der Geldanlage in Aktien nicht darauf an, beurteilen zu können, wie sehr sich eine Branche auf die Unternehmen auswirken wird oder wie stark sie wachsen wird, sondern viel mehr, den Wettbewerbsvorteil eines bestimmten Unternehmens und vor allem die Nachhaltigkeit dieses Vorteils zu bestimmen. Warren Buffett spricht hier auch von einem Burggraben.[124]

Er meint damit die Möglichkeit eines Unternehmens, für seine Produkte höhere Preise zu verlangen, weil es zum Beispiel das einzige Unternehmen ist, das solche Produkte verkauft und die Eintrittshürden für Wettbewerber entsprechend hoch sind. Ein Burggraben kann auch

---

[123]vgl. Buffett, Warren (1983): Owner's Manual, https://www.berkshirehathaway.com/ownman.pdf, 24.07.2020, 10.
[124]vgl. Buffett, Warren (1999): Fortune Interview, https://archive.fortune.com/magazines/fortune/fortune_archive/1999/11/22/269071/index.htm, 24.07.2020

in Form einer starken Marke vorhanden sein, die so etwas wie ein Statussymbol sein kann. Dieses Statussymbol veranlasst die Leute, mehr Geld für ein Produkt auszugeben, um es von genau dieser Marke zu bekommen. Das beste Beispiel zum aktuellen Zeitpunkt ist vielleicht Apple.

Doch wie kann man einen dauerhaften Wettbewerbsvorteil quantifizieren? Mary Buffett, die Ex-Schwiegertochter von Warren Buffett, geht in ihrem Buch „So liest Warren Buffett Unternehmenszahlen" auf sehr einfache und verständliche Weise einzelne Positionen von GuV, Bilanz und Kapitalflussrechnung durch und erläutert an diesen Kennzahlen, inwiefern man daraus einen dauerhaften Wettbewerbsvorteil für das Unternehmen ableiten kann. Diese Zahlen sind meiner Meinung nach bestenfalls in den Kontext zu direkten Wettbewerbern zu setzen. Die Lektüre dieses Buches kann ich für Anfänger wie Fortgeschrittene in der Thematik sehr empfehlen.

Hier eine nicht abschließende Aufzählung ausgewählter Kennzahlen, die auf einen Wettbewerbsvorteil hinweisen:

1. Die Bruttogewinnspanne, definiert als

$$\text{Bruttogewinnspanne} = \frac{\text{Bruttogewinn}}{\text{Umsatz}},$$

ist zwar allein wenig aussagekräftig, da sie auch sehr stark vom Geschäftsmodell abhängt, allerdings kann eine Bruttogewinnspanne von weniger als 40%[125] auf eine wettbewerbsintensive Branche hinweisen.[126] Achte also darauf, dass das Unternehmen beständig hohe Bruttogewinnspannen hat.

2. Vorsicht bei hohen Forschungs- und Entwicklungskosten. Wenn ein Unternehmen für beständig hohe Umsätze laufend hohe Kosten für Forschung und Entwicklung hat, ist dies ein Hinweis darauf, dass der Wettbewerbsvorteil möglicherweise nicht von dauerhafter Natur ist.[127] Vielleicht ist das genau das Haar in der Suppe bei einer Investition in Apple.

---

[125] Hier sollte das Umsatzkostenverfahren zugrunde liegen. Beim Gesamtkostenverfahren müsste man eine niedrigere Zahl ansetzen, die Quote würde aber möglicherweise stark schwanken.

[126] vgl. Buffett, Mary (2019): *So liest Warren Buffett Unternehmenszahlen*, 5. Auflage, Kulmbach: Börsenbuchverlag, S. 48 f.

[127] vgl. Buffett, Mary (2019): *So liest Warren Buffett Unternehmenszahlen*, 5. Auflage, Kulmbach: Börsenbuchverlag, S. 57 f.

Die zwölf Business Principles

3. Unternehmen mit einem dauerhaften Wettbewerbsvorteil haben im Verhältnis zum Bruttogewinn niedrige Abschreibungen, da sie nicht ständig in neue Maschinen investieren müssen, um im Wettbewerb bestehen zu können. Folglich können sie alte Geräte länger nutzen, wodurch sie über einen längeren Zeitraum abgeschrieben werden können, bzw. bereits abgeschriebene Maschinen weitergenutzt werden können und durch fehlende Neuinvestitionen keine neuen Abschreibungen vorgenommen werden müssen. Die Zielgröße sollte etwa 6-8% betragen.[128] Das sollte sich dann auch in der Bilanzposition Sachanlagen wiederspiegeln. Betragen die Investitionen langfristig weniger als 25-50% vom Nettogewinn, ist dies wieder ein Hinweis auf einen dauerhaften Wettbewerbsvorteil.[129] Ein gutes Beispiel ist The Coca-Cola Company mit jährlichen Abschreibungen von sogar etwas weniger als 6% vom Bruttoergebnis und einer Investitionsquote von 21-23% vom Nettogewinn.[130]

4. Befindet sich die Entwicklung des Nettogewinns in einem beständigen Aufwärtstrend? Dies kann auf einen Wettbewerbsvorteil hinweisen ebenso wie ein höherer Nettogewinn pro Umsatz als direkte Konkurrenten.[131] The Coca-Cola Company beispielsweise verdient mehr als der direkte Konkurrent Pepsi, obwohl Pepsi einen deutlich höheren Umsatz generiert.[132] Hier darf man wohl von Preissetzungsmacht und einem Wettbewerbsvorteil für Coca-Cola sprechen.

5. Schaue neben der Eigenkapitalrendite auch auf die Gesamtkapitalrendite. Trotz sehr hoher Eigenkapitalrenditen kann die Dauerhaftigkeit eines Wettbewerbsvorteils gefährdet sein, wenn der Gesamtkapitaleinsatz niedrig ist, da so die Einstiegsbarriere für Konkurrenten niedriger ist.[133]

---

[128] vgl. Buffett, Mary (2019): *So liest Warren Buffett Unternehmenszahlen*, 5. Auflage, Kulmbach: Börsenbuchverlag, S. 62

[129] vgl. Buffett, Mary (2019): *So liest Warren Buffett Unternehmenszahlen*, 5. Auflage, Kulmbach: Börsenbuchverlag, S. 171

[130] Hier wurden die Zahlen von 2018 und 2019 angeschaut.

[131] vgl. Buffett, Mary (2019): *So liest Warren Buffett Unternehmenszahlen*, 5. Auflage, Kulmbach: Börsenbuchverlag, S. 75 f.

[132] Hier liegen wieder die Zahlen von 2018 und 2019 zugrunde.

[133] vgl. Mihaljevic, John (2020): *Das Value Investing Handbuch*, 4. Auflage, München: FinanzBuch Verlag, S. 76

6. Wenn über einen Zeitraum von zehn Jahren die langfristige Verschuldung stets so niedrig ist, dass der aktuelle Nettogewinn ausreicht, um die langfristigen Schulden in drei bis vier Jahren zu tilgen, ist das ein starker Hinweis auf einen Wettbewerbsvorteil.[134]

7. Liegt die Wachstumsrate des einbehaltenen Gewinns, also Nettogewinn nach Abzug von Dividendenzahlungen und Aktienrückkäufen, bei 6-10%, wobei mehr besser ist, ist dies ebenfalls ein guter Indikator für einen Wettbewerbsvorteil.[135] Überhaupt sind eigene Anteile in der Bilanz, also der Rückkauf von eigenen Aktien, ein Kennzeichen von Unternehmen mit einem Wettbewerbsvorteil.[136]

8. Spricht das Management über die EBITDA, also die Gewinne vor Zinsen, Steuern und Abschreibungen (Englisch: Earnings before Interest, Tax, Depreciation and Amortization), ist das ein Indiz dafür, dass das Unternehmen keinen Wettbewerbsvorteil innehat, denn Abschreibungen sind keine Kosten, die man unterschlagen kann. Sie sind real.[137]

Neben dem Versuch, einen Wettbewerbsvorteil zu berechnen, solltest du weiterhin auch qualitative Merkmale berücksichtigen: Bei welchen Unternehmen bilden sich bei der Neueröffnung einer Filiale oder bei Herausgabe eines neuen Produktes lange Schlangen vor den Läden? Über welche Produkte wird schon Wochen vorher gesprochen und über Neuerungen spekuliert, bevor sie überhaupt erscheinen? Hat sich aus dem Unternehmensnamen ein Wort abgeleitet, das eine Tätigkeit oder das Produkt an sich beschreibt? Beispiele für sogenannte Deonyme sind das Wort „googeln", das seit 2004 im Duden steht und das Suchen mit einer Suchmaschine im Internet beschreibt, oder das Wort „Tempo", das viele Deutsche verwenden, wenn sie ein Papiertaschentuch meinen. Das sind ebenfalls eindeutige Hinweise auf einen Wettbewerbsvorteil.

---

[134] vgl. Buffett, Mary (2019): *So liest Warren Buffett Unternehmenszahlen*, 5. Auflage, Kulmbach: Börsenbuchverlag, S. 135

[135] vgl. Buffett, Mary (2019): *So liest Warren Buffett Unternehmenszahlen*, 5. Auflage, Kulmbach: Börsenbuchverlag, S. 150

[136] vgl. Buffett, Mary (2019): *So liest Warren Buffett Unternehmenszahlen*, 5. Auflage, Kulmbach: Börsenbuchverlag, S. 153

[137] vgl. Buffett, Mary (2019): *So liest Warren Buffett Unternehmenszahlen*, 5. Auflage, Kulmbach: Börsenbuchverlag, S. 61 f.

Die zwölf Business Principles

Börsenweisheit des Tages Nr. 53:

Prinzip Nr. 10: WURDEN DIE EINBEHALTENEN GEWINNE SINNVOLL EINGESETZT?

Du solltest rollierend in einer fünf-Jahres-Periode überprüfen,

1. ob die Buchwertsteigerung die Performance des S&P500 überschritten hat und
2. ob der Aktienkurs immer höher als der Buchwert pro Aktie war, d.h. jeder einbehaltene Dollar an Gewinn war immer mehr wert als ein Dollar.

Wenn diese beiden Tests positiv sind, war es sinnvoll, die Gewinne einzubehalten, da so mehr Wert für den Aktionär geschaffen wurde als bei einer Dividendenzahlung.[138] Wenn einer der Tests negativ ausfällt, wäre eine Ausschüttung an die Aktionäre in Form von Dividendenzahlungen sinnvoller gewesen.

Börsenweisheit des Tages Nr. 54:

Prinzip Nr. 11: BERECHNE DIE OWNER EARNINGS![139]

Warren Buffett bevorzugt immer einen Gewinn von 2$, der nicht sofort ersichtlich in der GuV auftaucht, als 1$ Gewinn, den man einfach in der GuV ablesen kann.[140] Für dich bedeutet das, dass du nicht nur auf den Nettogewinn schauen sollst, sondern auf die von Warren Buffett definierten Owner Earnings[141]. Nicht nur das generierte Cash ist relevant, sondern beispielsweise auch andere Erzeugnisse im Unternehmen. Die Änderung des Working Capitals[142] kann hier eine nicht vernachlässigbare Größe sein.

---

[138] vgl. Buffett, Warren (1983): Owner's Manual, https://www.berkshirehathaway.com/ownman.pdf, 24.07.2020, 9.
[139] vgl. Buffett, Warren (1987): Brief an die Aktionäre von Berkshire Hathaway 1986, https://www.berkshirehathaway.com/letters/1986.html, 24.07.2020
[140] vgl. Buffett, Warren (1983): Owner's Manual, https://www.berkshirehathaway.com/ownman.pdf, 24.07.2020, 6.
[141] vgl. Buffett, Warren (1987): Brief an die Aktionäre von Berkshire Hathaway 1986, https://www.berkshirehathaway.com/letters/1986.html, 24.07.2020
[142] Das Working Capital ist definiert als die Differenz von Umlaufvermögen und kurzfristigen Verbindlichkeiten.

Weiter werden Abschreibungen mit den durchschnittlichen Investitionskosten[143] verrechnet. Der Grund dafür ist einfach. Planmäßige Abschreibungen werden im Vorhinein festgelegt, um den Periodenerfolg in der Bilanz realitätsnäher darzustellen. Würde man eine Maschine nicht über ihre Nutzungsdauer abschreiben, entstünde im Jahr der Anschaffung vielleicht ein Verlust, der nur dadurch entsteht, dass die Maschine in diesem Jahr bezahlt wurde. Wenn ich diese Maschine jedoch sehr lange, beispielsweise zehn Jahre nutzen kann, ist es gerechtfertigt, den Kaufpreis auf die Nutzungsdauer von zehn Jahren aufzuteilen.

Hierzu ein Beispiel: Ein Unternehmen kauft eine Maschine für 20.000 € und geht von einer Nutzungsdauer von zehn Jahren aus. Dann wird jedes Jahr ein Betrag von

$$\frac{20.000€}{10} = 2.000€$$

abgeschrieben. Jetzt funktioniert die Maschine vielleicht zwölf Jahre und die Technik ist vielleicht auch noch nicht so alt, dass durch die längere Nutzung der alten Maschine ein Wettbewerbsnachteil entstünde, dann kann das Unternehmen sie ruhig zwölf Jahre nutzen statt nur zehn. Dann lagen die Investitionen über die gesamte Lebensdauer der Maschine nicht bei durchschnittlich 2.000 €, sondern bei

$$\frac{20.000€}{12} = 1.666{,}67€.$$

Das ist die tatsächliche Belastung des Unternehmens. Daher rechnet man die Abschreibungen von 2.000 € jährlich wieder auf den Nettogewinn und zieht die durchschnittlichen Investitionskosten von 1.666,67 € pro Jahr wieder ab. Die Owner Earnings erhöhen sich dadurch um 333,33 € pro Jahr und dies entspricht auf lange Sicht eher der Realität.

Die Owner Earnings bestimmen sich insgesamt zu

---

[143] Die tatsächlichen Investitionskosten sind nur meist leider nicht so einfach zu bestimmen.

Die zwölf Business Principles

Owner Earnings = Nettogewinn
+ Abschreibungen
− Investitionen
+ Veränderung des Working Capital
+ Veränderung andere non-Cash-Positionen.

Langfristig erwartet Buffett, dass sich die nicht ganz einfach zu bestimmenden Owner Earnings komplett im intrinsischen Wert einer Aktie widerspiegeln werden[144] und somit mehr Beachtung finden sollten als der Nettogewinn.

Börsenweisheit des Tages Nr. 55:

Prinzip Nr. 12: Gründe, eine Aktie zu verkaufen

Buffett gibt zu, dass diese spezielle Eigenschaft manchmal auch seiner Performance schadet, aber für ihn gibt es unabhängig vom Preis keinen Grund, ein Unternehmen zu verkaufen, dessen Geschäft operativ gut läuft.[145]

Laut Phil Fisher gibt es jedoch die folgenden drei Gründe, die dich veranlassen sollten, eine Aktie zu verkaufen:

1. Du hast einen Fehler bei der Auswahl des Unternehmens gemacht. Gib ihn zu und sei nicht zu stolz.

2. Das Unternehmen erfüllt die meisten deiner Investmentkriterien nicht mehr, insbesondere die Wachstumsaussichten sind nicht mehr gut. Aber Vorsicht, vor voreiligen Schlüssen. In den 1960er Jahren hatten 90% der US-Haushalte einen Fernseher und der Markt schien gesättigt. Man hätte also annehmen können, dass das Wachstumspotential von Unternehmen, die Fernseher produzieren, nur noch sehr gering ist. Jedoch kam danach der Farbfernseher, dann der Flachbildfernseher, dann das Smart TV.

---

[144]vgl. Buffett, Warren (1987): Brief an die Aktionäre von Berkshire Hathaway 1986, https://www.berkshirehathaway.com/letters/1986.html, 24.07.2020

[145]vgl. Buffett, Warren (1983): Owner's Manual, https://www.berkshirehathaway.com/ownman.pdf, 24.07.2020, 11.

3. Du findest ein besseres Unternehmen, das deinen Investitionskriterien besser entspricht. Wenn deine Recherche zu Beginn gründlich genug war, sollte dies jedoch nicht zu oft vorkommen.[146]

Phil Fisher hatte einen wesentlichen Einfluss auf Warren Buffetts Anlagestrategie. Dies spiegelt sich auch in Warren Buffetts Verkaufsgründen wieder. Neben den oben genannten Gründen, kann es für Buffett ein Grund sein, sich von einer Aktie zu trennen, wenn es so aussieht, als würde das Unternehmen seinen dauerhaften Wettbewerbsvorteil verlieren.[147]

Eine abschließende Bemerkung zu den zwölf Business Principles

Wahrscheinlich wirst du nicht alle in diesem Kapitel vorgestellten Kriterien überprüfen oder das ausgewählte Unternehmen besteht nicht alle Tests. Die zwölf Business Principles sollen dir aber eine Vorstellung davon geben, worauf du achten kannst, um großartige Unternehmen von weniger guten zu unterscheiden. Wichtig ist, dass du dich mit deinem Investment wohl fühlst und an den langfristigen Erfolg des Unternehmens glaubst.

---

[146]Fisher, Philip A. (2003): *Common Stocks and Uncommon Profits*, Hoboken: Wiley & Sons Inc., S. 105 ff.
[147]vgl. Buffett, Mary (2019): *So liest Warren Buffet Unternehmenszahlen*, 5. Auflage, Kulmbach: Börsenbuchverlag, S. 191

Kapitel 11

Value Investing

Du hast dir in den vergangenen Kapiteln ein gutes Basiswissen angeeignet. Jetzt musst du noch wissen, wie du dieses Wissen produktiv umsetzen kannst. Als wesentliche Methode für die quantitative Unternehmensbewertung habe ich versprochen, dir zu erklären, wie du ein Unternehmen mit dem Discounted Cashflow Verfahren bewerten kannst. Dies lernst du in diesem Kapitel.

Börsenweisheit des Tages Nr. 56:

> SIND DIE MÄRKTE EFFIZIENT?
>
> Es gibt die Theorie der effizienten Märkte, die besagt, dass alle verfügbaren Informationen jederzeit bereits im Börsenpreis enthalten sind. Wenn diese Theorie stimmen würde, hätte Warren Buffett einfach nur Glück gehabt und wäre ein statistischer Ausreißer. Ich glaube nicht, dass man Warren Buffetts Erfolg so einfach erklären kann. Er selbst hat dazu über ein interessantes Gedankenexperiment über Münzwerfer in den USA geschrieben. Kurz zusammengefasst geht es darum, dass die Gewinner eines Münzwerf-Wettbewerbs, geographisch so verteilt sein müssten wie die Einwohner der USA. Statt den Wohnort zu betrachten könnte man auch andere Kriterien heranziehen, wie die Investmentstrategie erfolgreicher Investoren. Es gab eine Gruppe von äußerst erfolgreichen Investoren, die alle aus der Schule von Benjamin Graham und David L. Dodd kamen. Hier lag keine Gleichverteilung bei der intellektuellen Ausstattung vor, d.h. Warren Buffetts

Erfolg ist nicht mit einem statistischen Zufall zu erklären, sondern mit seiner Investmentmethode nach Graham und Dodd.[148]

Selbst wenn die Märkte meistens funktionieren, ergeben sich manchmal doch interessante Möglichkeiten, wenn sie dies nicht tun. Buffett hat in der Vergangenheit oft die Gelegenheit genutzt, wenn ein großartiges Unternehmen mit großartigen Managern für einen günstigen Preis zu haben war. Dabei hat er, wie schon erwähnt, den intrinsischen oder inneren Wert einer Aktie bestimmt und mit dem Marktwert verglichen und hat immer eine Sicherheitsmarge eingerechnet.

Du fragst dich vielleicht, wie du herausfindest, ob ein Unternehmen von guten Managern geführt wird. Neben den in Kapitel 10 vorgestellten Qualitätsmerkmalen guten Managements, kannst du die Geschäftsberichte mehrerer Jahre nebeneinander legen und dir beispielsweise die folgenden Fragen stellen: Wurden die eigenen Gewinn- und Umsatzziele in der Vergangenheit erreicht? Konnte das Unternehmen unter den Managern organisch[149] wachsen?

Börsenweisheit des Tages Nr. 57:

„PRICE IS WHAT YOU PAY; VALUE IS WHAT YOU GET."[150]

Warren Buffett sagt, vor langer Zeit habe ihm Ben Graham beigebracht, dass der Preis das ist, was du zahlst, und der Wert das ist, was du bekommst. Ob Socken oder Aktien - Buffett mag es, qualitativ hochwertige Dinge zu kaufen, wenn sie heruntergesetzt sind.[151]

Aber nur weil der Kurs einer Aktie fällt, bedeutet es nicht, dass sie unterbewertet ist, denn die negative Geschäftsentwicklung eines Unternehmens kann fallende und weiter fallende Kurse rechtfertigen.

Die Wahrscheinlichkeit, unterbewertete Unternehmen zu finden, ist im Small-Cap-Bereich größer, da dieser weniger Beachtung durch Analysten und die allgemeine Öffentlichkeit erfährt. Ein Nachteil kann

---

[148] vgl. Columbia University in the City of New York: https://www8.gsb.columbia.edu/sites/valueinvesting/files/files/Buffett1984.pdf, 22.09.2020

[149] Organisches Wachstum bedeutet, dass das Unternehmen von innen heraus wächst, also ohne Zukäufe anderer Unternehmen.

[150] Buffett, Warren (2009), Brief an die Aktionäre von Berkshire Hathaway 2008, S. 4: https://www.berkshirehathaway.com/letters/2008ltr.pdf, 24.07.2020

[151] vgl. Buffett, Warren (2009), Brief an die Aktionäre von Berkshire Hathaway 2008, S. 4: https://www.berkshirehathaway.com/letters/2008ltr.pdf, 24.07.2020

Value Investing

hier jedoch die niedrigere Liquidität des Titels am Finanzmarkt sein. Vielversprechend kann ein Unternehmen mit zwei Geschäftsfeldern und einem rückläufigen Gesamtumsatz und Gesamtergebnis sein. Wenn das alte und bisher dominante Geschäftsfeld rückläufig ist, jedoch ein neues und bisher kleines Geschäftsfeld stark wächst und gute Margen zeichnet, besteht die Möglichkeit, dass der breite Markt dies zunächst übersieht und die Aktie unterbewertet ist, solange bis das neue profitable Geschäftsfeld im gesamten Unternehmen dominiert.[152] Eine mögliche Entwicklung solcher zweier Geschäftsfelder und die Auswirkungen auf das Gesamtergebnis sind in der Abbildung 11.1 dargestellt. Spätestens im vierten oder fünften Jahr sollte der Markt das wahre Potential dieses Unternehmens erkennen.

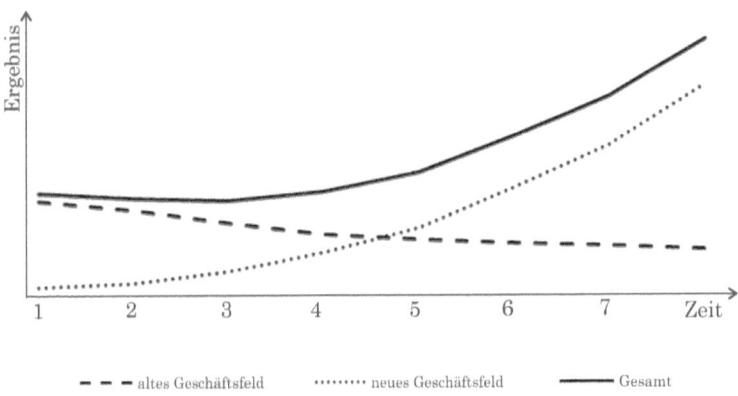

Abbildung 11.1: *Ein Unternehmen mit zwei Geschäftsfeldern, die sich sehr unterschiedlich entwickeln, kann vom Markt falsch bewertet werden. Das stark rückläufige, bisher dominante, alte Geschäftsfeld überschattet das wachstumsstarke und profitable neue Geschäftsfeld, sodass das Gesamtergebnis zunächst ebenfalls rückläufig ist. Mit der Zeit gewinnt jedoch das wachstumsstarke Geschäftsfeld an Bedeutung.*

---

[152] vgl. Mihaljevic, John (2020): *Das Value Investing Handbuch*, 4. Auflage, München: FinanzBuch Verlag, S. 259 ff.

Börsenweisheit des Tages Nr. 58:

DISCOUNTED CASHFLOW VERFAHREN

Jetzt müssen wir eins und eins zusammenzählen und den Unternehmenswert bestimmen. Dazu habe ich bereits das Discounted Cashflow Verfahren, oder kurz DCF, angesprochen. Es geht also darum, den intrinsischen oder inneren Wert einer Aktie zu bestimmen. Warren Buffett definiert den intrinsischen Wert einer Aktie als den diskontierten Wert der Geldbeträge, die während der restlichen Lebensdauer des Unternehmens aus diesem gezogen werden können.[153]

Die für die einzelnen Jahre ermittelten Cashflows müssen auf den aktuellen Zeitpunkt diskontiert werden. Warren Buffett verwendet den Zins von 30-jährigen US-Staatsanleihen als Zinssatz für die Diskontierung der Cashflows. Die diskontierten Cashflows kann man nun aufaddieren und man erhält den inneren Wert des Unternehmens.

Den ermittelten Wert des Unternehmens muss man jetzt nur noch durch die Anzahl der im freien Umlauf befindlichen Aktien teilen und man weiß, was der innere Wert der Aktie ist.

Als Mathematiker liegt mir viel daran, die Formel hier einmal sauber aufzuschreiben, sodass es jetzt und in den folgenden Börsenweisheiten etwas technisch wird. Da nicht alle Menschen Mathematiker sind - und das ist auch gut so - werde ich im Anhang ein ausführliches, aber fiktives Beispiel geben, in dem das folgende Formelwerk angewendet wird.

Sei nun i der Diskontierungszins und CF_j der Cashflow im Jahr j, dann bestimmt sich der innere Wert des Unternehmens oder der Aktie[154] zu:

$$\sum_{j=1}^{10} CF_j \cdot (1+i)^{-j}.$$

Der Cashflow CF_j muss noch definiert werden. Hierfür gibt es verschiedene Möglichkeiten, wie wir in den Börsenweisheiten des Tages Nr. 60 und 61 sehen werden. Die Grundformel bleibt jedoch erhalten.

---

[153]vgl. Buffett, Warren (1995), Brief an die Aktionäre von Berkshire Hathaway 1994: https://www.berkshirehathaway.com/letters/1994.html, 24.07.2020

[154]Evtl. ist hier noch durch die Anzahl der im freien Umlauf befindlichen Aktien zu dividieren

Börsenweisheit des Tages Nr. 59:

LIQUIDIERUNG DES UNTERNEHMENS

Für die Bewertung eines Unternehmens muss man eine Grundannahme treffen: Wird der Geschäftsbetrieb aufrechterhalten oder eingestellt?
Wenn ein Unternehmen beispielsweise nicht mehr profitabel ist und auch die Zukunftsaussichten schlecht sind, kann man auf eine Liquidierung des Unternehmens spekulieren. In diesem Fall wird der Geschäftsbetrieb eingestellt und die Vermögenswerte des Unternehmens veräußert. Als Nettovermögenswerte[155] erhält man zunächst das Eigenkapital. Vom Eigenkapital subtrahiere ich Goodwill und sonstige immaterielle Vermögenswerte. Goodwill und immaterielle Vermögenswerte sind, wie der Name verrät, zwar auch Vermögenswerte, die aber im Zweifelsfall schlecht zu Geld gemacht werden können. Somit fühle ich mich wohler damit, wenn diese Positionen in der Bilanz nicht zu groß sind und ich sie komplett herausrechnen kann. Benjamin Graham und David L. Dodd schlagen vor, bei den verbliebenen Positionen ebenfalls deutliche Abschläge im Wert zu berücksichtigen, um einen Liquidationswert zu ermitteln.[156] Diese Abschläge sind in der Tabelle 11.1 dargestellt.

Vermögenswert	Abschlag
Barvermögen	0%
Forderungen	10-25%
Vorräte	25-50%
Sachanlagen	50-99%

Tabelle 11.1: *Benjamin Graham und David L. Dodd schlagen in „Wertpapieranalyse" bei der Berechnung des Werts eines zu liquidierenden Unternehmens die genannten Abschläge auf die in der Bilanz bezifferten Vermögenswerte vor.*

Wenn ein Unternehmen unterhalb des so ermittelten Preises an der Börse gehandelt wird, kann es als günstig angesehen werden. Wenn das Unternehmen weiterhin profitabel wirtschaftet, hat man hierdurch au-

---

[155]Differenz von allen Vermögenswerten und den Verbindlichkeiten.
[156]vgl. Graham, Benjamin und Dodd, David L. (2018): *Wertpapieranalyse*, 6. Auflage, München: FinanzBuch Verlag, S. 613

tomatisch eine Sicherheitsmarge in der Kalkulation. Schreibt es hingegen rote Zahlen, sollte der Geschäftsbetrieb auch wirklich eingestellt werden, damit das Unternehmen als günstig angesehen werden kann, denn mit jedem Verlust verringern sich die Nettovermögenswerte des Unternehmens weiter. Vergleiche diesen Ansatz mit dem Hinweis in der Börsenweisheit des Tages Nr. 41, dass ein Unternehmen mit $KBV < 1$ auf ein unterbewertetes Unternehmen hinweisen kann. Hier ist im Grunde kein Discounted Cashflow Verfahren anzuwenden, da es nur einen Zeitpunkt für die Zahlung gibt, nämlich die Auflösung des Unternehmens.

Börsenweisheit des Tages Nr. 60:

CASHFLOW DES INVESTORS

Solange keine Insolvenz[157] droht, wird der Geschäftsbetrieb normalerweise aufrechterhalten (going concern Annahme), auch wenn mal ein Verlust ausgewiesen werden muss. In diesem Fall bewerten wir die Aktie mit dem DCF. Beim DCF betrachtet man über einen bestimmten Zeitraum[158] Cashflows, die jedes Jahr aus dem Unternehmen gezogen werden können.

Jetzt muss man sich überlegen, was ist denn tatsächlich der Cashflow eines Investors? Während der Haltedauer der Aktie, erhält der Investor Dividendenzahlungen, sofern eine Dividende ausgeschüttet wird. Im letzten Jahr gehe ich von einem Verkauf der Aktie zu Marktkonditionen aus. Für das DCF muss man über einen Zeitraum von beispielsweise zehn Jahren die Gewinne pro Aktie schätzen, um zum einen mit einer angenommenen Ausschüttungsquote die Dividendenzahlungen zu schätzen und zum anderen den Marktwert der Aktie im zehnten Jahr abzuschätzen.

Man setzt also in das DCF die Dividendenzahlungen ein und trifft eine Annahme zum Wachstum der Dividenden. Unter der Annahme einer konstanten Ausschüttungsquote wachsen Nettogewinne und Dividenden mit der gleichen Rate. Ein Blick in die Vergangenheit kann hier ebenfalls aufschlussreich sein. Am Ende des Betrachtungszeit-

---

[157]Zahlungsunfähigkeit

[158]Ich betrachte einheitlich einen Zeitraum von zehn Jahren. Dies ist ein noch überschaubarer Rahmen. Man sollte einmal festlegen, welchen Zeitraum man betrachten möchte, denn nur so bekommt man ein Gefühl für die Bewertungen am Aktienmarkt.

Value Investing

raums hält der Investor immer noch die gleiche Anzahl[159] Aktien in Händen. Die kann er verkaufen oder auch nicht, interessant und wesentlich ist hier, einen Marktwert der Aktien am Ende des Betrachtungszeitraums zu bestimmen. Eine Grundannahme ist hier, dass Aktien im Wesentlichen als ein Vielfaches der Gewinne bewertet werden, so müssen die Gewinne im zehnten Jahr geschätzt werden und man setzt ein historisches KGV[160] an, um den Wert der Anteile im zehnten Jahr abzuschätzen. Keine Aktie wird immer zum gleichen KGV gehandelt, so sollte deine Annahme zum KGV nicht zu optimistisch sein. Außerdem hängt ein faires KGV entscheidend vom Wachstum der Gewinne ab. Wenn sich das Gewinnwachstum abschwächt, kann selbst das niedrigste historische KGV zu optimistisch sein.

Mit einer konservativen und vernünftigen Wachstumsrate r_j der Gewinne im Jahr j, die unternehmensabhängig bestimmt werden muss, bestimmen sich die Nettogewinne pro Aktie G_j im Jahr j aus den aktuellen Nettogewinnen pro Aktie G_0 zu

$$G_j = G_0 \cdot \prod_{k=1}^{j}(1 + r_k).$$

Mit den Dividendenzahlungen D_j bestimmen sich die Cashflows CF_j im Jahr j wie folgt:

$$CF_j = \begin{cases} D_j, & \text{wenn } 1 \leq j \leq 9, \\ D_{10} + G_{10} \cdot KGV, & \text{wenn } j = 10. \end{cases}$$

Ob eine Dividende im zehnten Jahr einzubeziehen ist, oder nicht, hängt natürlich davon ab, wann die Aktie im zehnten Jahr veräußert wird. Da deine Hochrechnung jedoch auf vielen Annahmen beruht, sollte dies keinen wesentlichen Einfluss auf deine Kalkulation des inneren Wertes haben.

Wählst du den Diskontzinssatz i so, dass das Ergebnis aus dem DCF den aktuellen Marktwert ergibt, so ist i deine Renditeerwartung unter den getroffenen Annahmen.

---

[159] evtl. bereinigt um Aktiensplits

[160] Das KGV oder Kurs-Gewinn-Verhältnis bestimmt sich zu $KGV = \frac{\text{Aktienkurs}}{\text{Nettogewinn pro Aktie}}$.

Börsenweisheit des Tages Nr. 61:

UNTERNEHMENSBEWERTUNG MIT DEN OWNER EARNINGS

Eine weitere Möglichkeit besteht darin, nicht die einzelne Aktie, sondern das Unternehmen als Ganzes zu betrachten und aus Sicht des Unternehmens die Cashflows zu bestimmen. Da du als Aktionär Miteigentümer des Unternehmens bist, ist diese Betrachtungsweise ebenso legitim.

Hier muss man nun die Owner Earnings für die nächsten zehn Jahre schätzen und setzt diese in das Discounted Cashflow Verfahren[161] ein. Sind also OE_j die Owner Earnings im Jahr j, so ist $CF_j = OE_j$ für alle $j \in \{1, \ldots, 10\}$.

Stimmen die Owner Earnings mit den Nettogewinnen überein, ist das Wachstum Null und der Diskontzinssatz ebenfalls Null, ergäbe sich hier eine faire Bewertung bei einem KGV von 10.

Auch wenn die Owner Earnings Vorteile gegenüber den Nettogewinnen haben mögen (vgl. Börsenweisheit des Tages Nr. 54), ist jedoch anzumerken, dass die Owner Earnings nicht aus dem Unternehmen gezogen werden können. Teile sind zur Aufrechterhaltung des Geschäftsbetriebes notwendig und ein Teil der Gewinne wird reinvestiert und finanziert somit das zukünftige Wachstum des Unternehmens.

Bei der Aufrechterhaltung des Geschäftsbetriebs darfst du die aktuellen Vermögenswerte des Unternehmens zumindest nicht uneingeschränkt hinzurechnen, da die für die Aufrechterhaltung des Geschäftsbetriebs notwendigen Vermögenswerte nicht aus dem Unternehmen gezogen werden können. Es wäre allerdings auch falsch anzunehmen, dass ein Unternehmen wie Apple mit in der Spitze mehr als 100 Mrd. $ an liquiden Mitteln in der Bilanz alle Vermögenswerte benötigt, um den Geschäftsbetrieb aufrechtzuerhalten. Wie viel Kapital in einem Unternehmen tatsächlich für den Geschäftsbetrieb benötigt wird, ist nicht ganz einfach herauszufinden. Das vom Unternehmen

---

[161] Genau genommen handelt es sich bei den Owner Earnings nicht um Cashflows, sondern um den Wert, der in einem Geschäftsjahr im Unternehmen geschaffen wurde. Es kann zum Beispiel sein, dass ein produzierendes Unternehmen mehr Produkte hergestellt hat, diese aber noch nicht verkauft hat. Hier wurde trotzdem ein Wert geschaffen, was sich in diesem Beispiel in einer Erhöhung des Working Capitals widerspiegelt.

Value Investing

eingesetzte Kapital kann definiert werden als

eingesetztes Kapital = Umlaufvermögen
− Barmittel
+ langfristige Verbindlichkeiten
+ Nettoanlagevermögen.

Das Nettoanlagevermögen ist meist an der Bilanzposition Sachanlagen abzulesen.[162] In solch offensichtlichen Fällen wie bei Apple kannst du also nicht eingesetztes Kapital zu Beginn im Discounted Cashflow Verfahren hinzurechnen.

Ist also EK_0 das aktuelle Eigenkapital[163] und K_0^{ein} das aktuelle eingesetzte Kapital, so ergibt sich ein weiterer Cashflow zu

$$CF_0 = EK_0 - K_0^{ein}.$$

Die Summe im Discounted Cashflow Verfahren startet dann bei 0. Das Ergebnis aus dem DCF dividierst du nun durch die Anzahl der im freien Umlauf befindlichen Aktien n und du erhältst den inneren Wert einer einzelnen Aktie.

Du siehst, es gibt verschiedene Möglichkeiten, den inneren Wert einer Aktie zu bestimmen und nicht wirklich ein „Richtig" oder „Falsch". Wichtig ist, dass du dich mit der Berechnung wohl fühlst und einen Eindruck vom Wert des Unternehmens bekommst, auch wenn du den Wert natürlich niemals exakt bestimmen kannst. Allein der Glaube, zu wissen, was das Unternehmen wert ist, versetzt dich in die Lage, deine Emotionen zu kontrollieren und rationale Entscheidungen zu treffen.

Als Tipp möchte ich mitgeben, dir selbst ein Tool (zum Beispiel in Excel) zu bauen, das das Discounted Cashflow Verfahren abbildet. Das ist mit den Formeln und dem Beispiel im Anhang keine Raketenwissenschaft. Den Diskont-Zinssatz solltest du variabel einbauen, so kannst du testen, was seine Veränderung für Auswirkungen auf die heutige Bewertung hat.

---
[162]vgl. Mihaljevic, John (2020): *Das Value Investing Handbuch*, 4. Auflage, München: FinanzBuch Verlag, S. 122
[163]Ich würde mich hier wieder wohler fühlen, wenn Goodwill und sonstige immaterielle Vermögenswerte nur eine kleine Position in der Bilanz ausmachen und ich diese komplett herausrechnen kann.

Börsenweisheit des Tages Nr. 62:

WACHSTUMSRATE

Für ein stark wachsendes Unternehmen sind Börsianer in der Regel bereit ein höheres Vielfaches der Gewinne zu bezahlen als für ein Unternehmen, dessen Gewinne lediglich langsam wachsen oder gar stagnieren. Doch warum ist das so? Wir betrachten zwei Unternehmen A und B, die unterschiedlich schnell wachsen und die wir in zehn Jahren beide zu einem KGV von 10 verkaufen wollen. Für welches Unternehmen entscheidest du dich?

	Unternehmen A	Unternehmen B
aktueller Gewinn pro Aktie	1,00	0,50
aktueller Kurs	10	10
aktuelles KGV	10	20
Gewinnwachstum p.a.	5%	15%
Gewinn in 10 Jahren	1,63	2,02
Bewertung in 10 Jahren	16,30	20,20
annualisierte Rendite p.a.	5,0%	7,3%

Tabelle 11.2: *Starkes Wachstum der Gewinne kann einen höheren Kaufpreis der Aktie rechtfertigen. Nur wie sicher ist das Gewinnwachstum? Wie lange kann das Unternehmen hohe Wachstumsraten aufrechterhalten? In der Regel schwächt sich das Gewinnwachstum ab, je größer ein Unternehmen wird.*

Das Beispiel ist fiktiv und vereinfacht den Sachverhalt, denn sollte Unternehmen B nach 10 Jahren immer noch stärker wachsen als Unternehmen A, wird wohl auch das KGV größer sein als bei Unternehmen A.

Im Discounted Cashflow Verfahren müssen wir also versuchen, die Zukunftsaussichten des Unternehmens zu quantifizieren, indem wir die Gewinne in die Zukunft projizieren. Dabei ist es sinnvoll - sofern sie nicht zu stark schwanken - von einem Mittelwert der aktuellen Gewinne auszugehen und eine Wachstumsrate zu schätzen.

Doch wie bestimme ich eine realistische Wachstumsrate?

Es kann auch sein, dass gewisse Effekte dazu führen, dass du mal einen Rückgang der Gewinne einpreisen musst. Dies sollte jedoch nur ein temporärer Effekt sein, denn niemand möchte langfristig in ein sinkendes Schiff investieren. Die Entwicklung der Gewinne sollte immer unternehmensindividuell abgeschätzt werden.

Hier einige Möglichkeiten, das zukünftige Wachstum zu schätzen:

1. **Analystenschätzungen:** Du könntest dich auf ausgewiesene Experten verlassen und das Gewinnwachstum ansetzen, das Analysten schätzen. Das ist eine sehr einfache Möglichkeit, bietet aber auch zwei wesentliche Nachteile. Zum einen sind die Analystenschätzungen im Durchschnitt mit ca. 100% über den tatsächlichen Gewinnen deutlich zu hoch angesetzt wie eine McKinsey-Studie aus dem Jahr 2010 ergeben hat,[164] zum anderen schätzen sie die Gewinne in der Regel nicht so weit in die Zukunft. Schon allein aufgrund der großen Diskrepanz zwischen Analystenschätzung und tatsächlichem Gewinnwachstum, ist diese Möglichkeit nicht wirklich geeignet, die Grundlage für deine Kalkulation des inneren Wertes einer Aktie zu bilden.

2. **Historisches Wachstum:** Eine weitere Möglichkeit, eine Vorstellung vom zukünftigen Wachstumspotential zu bekommen, ist es, sich das Wachstum der letzten zehn Jahre anzuschauen. Aber hier liegt natürlich die Gefahr darin, dass ein Unternehmen keinen dauerhaften Wettbewerbsvorteil inne hat und deswegen die Margen in der Zukunft sinken könnten oder das Wachstum in der Vergangenheit so groß war, dass es vom aktuellen Niveau nahezu unmöglich ist, dieses Wachstum beizubehalten. Je größer ein Unternehmen wird, umso schwieriger ist es, hohe Wachstumsraten aufrecht zu erhalten. Bei einer Projektion der Unternehmensgewinne durch Fortsetzung des Gewinnwachstums der Vergangenheit in die Zukunft besteht natürlich die Gefahr einer völligen Fehleinschätzung der momentanen Situation im Unternehmen wie auch Abbildung 11.1 verdeutlicht. Hier kann ich leicht übersehen, dass sich zwei Geschäftsfelder im Unternehmen sehr unterschiedlich entwickeln. Besteht die Gefahr beispielsweise von zunehmendem Wettbewerb, solltest du nicht einfach das Gewinnwachstum der Vergangenheit fortschreiben. Hat ein Unternehmen einen Wettbewerbsvorteil (vgl. Börsenweisheit des Tages Nr. 52), hat es eine gewisse Preissetzungsmacht und kann

---

[164]Goedhart, Marc & Raj, Rishi & Saxena, Abhishek (2010): *Equity analysts: Still too bullish*, McKinsey & Company, https://www.mckinsey.com/business-functions/strategy-and-corporate-finance/our-insights/equity-analysts-still-too-bullish, 24.07.2020

Kostensteigerungen an die Kunden weitergeben. So sollten die Margen erhalten bleiben sich die Gewinne positiv entwickeln. Die Gewinne können bei Unternehmen mit einem dauerhaften Wettbewerbsvorteil unter weniger Unsicherheit in die Zukunft projiziert werden.

3. **Sparten:** Man könnte verschiedene Sparten des Unternehmens betrachten. Wie entwickeln sich in den verschiedenen Unternehmensbereichen die Jahresproduktion, die Produktionskosten oder der Verkaufspreis?[165] Teilweise sind hier natürlich nur sehr grobe Schätzungen möglich, aber sie geben dir ein Gefühl dafür, welche Auswirkungen verschiedene Szenarien auf die zukünftigen Gewinne haben könnten.

4. **Return on Equity**[166]: Ein Unternehmen habe 1 Mio. € Eigenkapital in der Bilanz stehen, mit diesem Kapital ist es in der Lage, 200.000 € Gewinn zu erwirtschaften. Diesen Gewinn könnte das Unternehmen einbehalten und komplett reinvestieren. Mit dem gewachsenen Kapital in Höhe von 1,2 Mio. € kann das Unternehmen im nächsten Jahr wieder 20% Rendite erwirtschaften. So könnte man das RoE als Wachstumsrate interpretieren, jedoch werden hier betriebswirtschaftliche Vorgänge zu stark vereinfacht dargestellt. Der Gewinn wird in der Regel nicht komplett reinvestiert, sondern ein Teil vielleicht als Dividende ausgezahlt. Außerdem bleibt hier der Einsatz von Fremdkapital noch unberücksichtigt.

5. **Modifizierte sustainable growth rate**[167]: Bisher haben wir noch kein Fremdkapital berücksichtigt. Wir sollten das RoE modifizieren, um zu berücksichtigen, dass der Gewinn nicht komplett reinvestiert wird und Fremdkapital zum Einsatz kommt. Für die Wachstumsrate, die das Unternehmen ohne zusätzliche Aufnahme von Kapital erreichen kann, berücksichtigen wir die Ausschüttungsquote von Dividenden und Abschreibungen, um Kosten für den Ersatz von Maschinen zu berücksichtigen. Die

---

[165]vgl. Graham, Benjamin und Dodd, David L. (2018): *Wertpapieranalyse*, 6. Auflage, München: FinanzBuch Verlag, S. 551

[166]$\text{RoE} = \frac{\text{Nettogewinn}}{\text{Eigenkapital}}$

[167]sustainable growth rate = RoE · (1-Ausschüttungsquote)

Value Investing

Wachstumsrate könnte dann so aussehen:
$$\frac{\text{Nettogewinn - Dividenden - Abschreibungen}}{\text{Eigenkapital + langfristiges Fremdkapital}}.$$
Leider ist auch die im letzten Schritt ermittelte Wachstumsrate nicht die perfekte Modellierungsgröße. Man könnte sie noch mit den anderen vorgestellten Methoden vergleichen, um sicher zu gehen, nicht zu optimistisch gewesen zu sein.

Börsenweisheit des Tages Nr. 63:

IST DAS UNTERNEHMEN MIT EINER SICHERHEITSMARGE ALS ABSCHLAG AUF SEINEN INNEREN WERT ZU HABEN?

Value Investoren kaufen Aktien unter ihrem inneren Wert. Sie kümmern sich nicht um Chartmuster, sondern versuchen den ungefähren Wert des Unternehmens zu ermitteln und teilen diesen Wert durch die Anzahl der im freien Umlauf befindlichen Aktien und haben so den inneren Wert einer Aktie bestimmt. Sie kaufen, wenn der Preis am Aktienmarkt deutlich darunter liegt. Erstens muss der innere Wert höher sein als der an der Börse zu zahlende Preis und zweitens braucht man eine Sicherheitsmarge[168], weil man den Wert nur schätzen kann und auch unter gewissen Fehlannahmen sollte die Kalkulation nicht gleich aus allen Fugen geraten. Das Grundprinzip, dass der innere Wert größer als der Börsenpreis ist, sollte auch nach Anwendung der Sicherheitsmarge gelten. Da die Berechnung des inneren Wertes einer Aktie von deiner Renditeerwartung abhängt, könnte man die Sicherheitsmarge auch als erwartete Überrendite gegenüber dem Marktdurchschnitt interpretieren.

Einen schönen Vergleich stellten Benjamin Graham und David L. Dodd in „Wertpapieranalyse" auf, der sinngemäß so lautete: Um beurteilen zu können, ob ein Mann übergewichtig ist oder nicht, muss man nicht sein genaues Gewicht kennen. In einigen Fällen kann man sich der richtigen Antwort doch sehr sicher sein.[169] Je größer der innere Wert gegenüber dem Marktwert ist, umso weniger risikobehaftet ist das Investment. Wie groß deine Sicherheitsmarge sein sollte,

---
[168] vgl. Buffett, Warren (1993), Brief an die Aktionäre von Berkshire Hathaway 1992: https://www.berkshirehathaway.com/letters/1992.html, 24.07.2020
[169] vgl. Graham, Benjamin und Dodd, David L. (2018): *Wertpapieranalyse*, 6. Auflage, München: FinanzBuch Verlag, S. 36

kannst nur du entscheiden und ist bei verschiedenen Unternehmen wahrscheinlich auch unterschiedlich, da du manchmal mehr, manchmal weniger Unsicherheiten in der Kalkulation hast. Und ob du dich mit einem Abschlag von beispielsweise 30% oder 50% besser fühlst, kannst auch nur du entscheiden. Vielleicht reicht dir auch eine geringere Sicherheitsmarge bei der Methode aus der Börsenweisheit des Tages Nr. 61, wenn das Unternehmen nach der Methode aus der Börsenweisheit des Tages Nr. 59 ebenfalls nicht teuer ist.

Wenn ich im Discounted Cashflow Verfahren einen Diskontierungszins von einer langfristigen US-Staatsanleihe einsetze, sollte also der innere Wert deutlich höher sein als der aktuell an der Börse gehandelte Preis. Zudem sollte man sicher sein, dass das Unternehmen langfristig gute Erfolgsaussichten hat. Denn die positive Geschäftsentwicklung ist nach wie vor der wichtigste Faktor für den langfristigen Investitionserfolg. Bei negativer Entwicklung des Unternehmens ist der in meiner Anlagephilosophie angestrebte Anlagehorizont zu lang und selbst ein kurzfristiger Ausgleich einer Unterbewertung nutzt mir bei langer Haltedauer nichts.

Börsenweisheit des Tages Nr. 64:

KAPITALALLOKATION

Kapitalallokation, d.h. die Verteilung des Vermögens auf verschiedene Investitionen (Aktien, Cash, etc.), ist aus meiner Sicht eine wichtige, aber auch nicht ganz einfache Angelegenheit. Je nachdem ob Aktien hoch oder niedrig bewertet sind, schlägt Benjamin Graham eine Aktienquote zwischen 25% und 75% vor.[170] Meiner Meinung nach ist es wichtig, dass du dich mit deiner Position wohl fühlst, um nicht im Ernstfall von deinen Emotionen getrieben zu werden. So kann es sein, dass das persönliche Wohlbefinden eine andere Quote erfordert. Auch eine kurzfristig anstehende große Investition, beispielsweise in das Eigenheim, erfordert wahrscheinlich eine höhere Cash-Quote.

Informiere dich bei der Auswahl deines Investments sehr sorgfältig über das Unternehmen und lege nur Geld an, das du nicht in naher Zukunft brauchst. Auch Buffett sagte mal, wenn du dir nicht vorstellen kannst, eine Aktie für zehn Jahre zu besitzen, solltest du sie nicht

---

[170] vgl. Graham, Benjamin (2010): *Intelligent Investieren*, 10. Auflage, München: FinanzBuch Verlag, S. 106

einmal für zehn Minuten besitzen.[171] Wenn man versteht, was hinter dieser Aussage steckt, wird man nicht mehr in Versuchung kommen, allein die Charttechnik anzuwenden, um schnell reich zu werden. Die Börse ist kein Spielcasino.

Börsenweisheit des Tages Nr. 65:

HÖRE NIEMALS AUF, DICH WEITERZUBILDEN UND DICH WEITERZUENTWICKELN!

Weil Warren Buffett einen zu großen Einfluss hat und zu viele Menschen ihm zuhören, wird er niemals seine konkreten Investmentideen preisgeben. Sonst würde er sich selbst Gelegenheiten nehmen, sich günstig in gut geführte Unternehmen einzukaufen. Er gibt jedoch sehr gerne seine Anlagephilosophie preis. Und so kann es für uns eine unglaublich gute Gelegenheit sein, von seinem Anlageverhalten zu lernen und seinen Hinweisen zu folgen.

Warren Buffett wollte übrigens selbst immer mal ein Buch über das Investieren schreiben. Das hat er aber bis heute nicht getan. Stattdessen benutzt er die Jahresberichte von Berkshire und die Aktionärsbriefe, um den Lesern etwas über das Investieren beizubringen. Die Jahresberichte lässt er übrigens redaktionell prüfen. Sie sind bekannt für ihre Klarheit und finden großes Interesse bei Value Investoren. Über das Buch „Intelligent Investieren" von Benjamin Graham sagte Warren Buffett, dass es das beste Buch sei, das jemals über das Investieren geschrieben wurde. Der Ansicht ist er auch heute noch.[172]

Ich persönlich habe in Hinblick auf das Interpretieren von Finanzberichten sehr viel bei der Lektüre der Bücher „Einführung in das Rechnungswesen" von Jürgen Weber und Barbara E. Weißenberger und „So liest Warren Buffett Unternehmenszahlen" von Mary Buffett gelernt. Dadurch habe ich verstanden, wie Unternehmensbilanzen zu lesen sind. Mary Buffett geht Positionen aus dem Jahresabschluss eines Unternehmens durch und erläutert, inwiefern man daran ablesen kann, ob ein Unternehmen einen dauerhaften Wettbewerbsvorteil hat. Jedem Anfänger, der sich für die quantitative Bewertung von Unternehmen interessiert, kann ich diese beiden Bücher guten Gewissens

---

[171]vgl. Buffett, Warren (1997), Brief an die Aktionäre von Berkshire Hathaway 1996: https://www.berkshirehathaway.com/letters/1996.html, 24.07.2020
[172]vgl. Graham, Benjamin (2018): Intelligent Investieren, 10. Auflage, München: FinanzBuch Verlag, Vorwort zur vierten Auflage von Warren E. Buffett

empfehlen. Das hier in meinem eigenen Buch vorgestellte Discounted Cashflow Verfahren kann dann gut verstanden und auch nach den eigenen Erkenntnissen modifiziert werden.

Neben dem Lesen von Buffetts Weisheiten in seinen Aktionärsbriefen oder Geschäftsberichten von Berkshire kann es eine Strategie für den Börsenerfolg sein, sich die Titel aus dem Portfolio von Berkshire Hathaway oder anderen erfolgreichen, langfristig orientierten Anlegern anzuschauen. Weil Berkshire mehr als 100 Mio. $ verwaltet, ist das Unternehmen verpflichtet, quartalsweise den Depotbestand im sogenannten 13f-Formular an die amerikanische Finanzaufsicht SEC mitzuteilen und damit für jeden zugänglich offen zu legen. Die Meldefrist für dieses Formular beträgt allerdings 45 Tage, sodass es keinen Mehrwert bietet, in das veraltete Depot eines kurzfristig orientierten Anlegers schauen zu können. Die Möglichkeit, in das Depot von erfolgreichen Investoren zu schauen, sollte jedoch meiner Meinung nach nur ein Hinweis auf gute Unternehmen sein. Man sollte sich nach wie vor eine eigene Meinung bilden, das Unternehmen selbst bewerten und für sich entscheiden, ob man in dieses Unternehmen investieren möchte. Und bedenke dabei:

1. Wenn Warren Buffett 500 Mio. $ in ein Unternehmen investiert, ist das gemessen an seinem Gesamtdepotwert wenig und vielleicht nicht ohne Grund so niedrig gewichtet.

2. Wenn eine Aktie zwar eine große Gewichtung in seinem Depot einnimmt, er aber die Position zuletzt reduziert hat, kann man wohl nicht davon sprechen, dass es sich bei dieser Aktie momentan um seine beste Anlageidee handelt. Möglicherweise sieht er die Aktie bereits als zu teuer an.

Für den Blick in das Depot eines Superinvestors kannst du auf die Internetseite der amerikanischen Aufsichtsbehörde www.sec.gov gehen und dort den CIK (Central Index Key) eingeben, über den du an die SEC gemeldete Informationen dieser Anleger finden kannst. In Tabelle 11.3 eine nicht abschließende Liste einiger interessanter Anleger in alphabetischer Reihenfolge:

Wenn du dich von anderen Anlegern inspirieren lassen möchtest, solltest du versuchen, ihre Entscheidungen nachzuvollziehen. Dass andere Investoren auf diese Aktie setzen, ersetzt nicht die eigene Recherche. Kommen für die Beteiligungsgesellschaft möglicherweise nur Investitionen in Unternehmen ab einer gewissen Größe in Betracht,

Investor	Gesellschaft	CIK
Ackman, Bill	Pershing Square Capital Management	0001336528
Bares, Brian	Bares Capital Management	0001340807
Buffett, Warren	Berkshire Hathaway	0001067983
Einhorn, David	Greenlight Capital	0001079114
Watsa, Prem	Fairfax Financial Holdings	0000915191

Tabelle 11.3: *Dargestellt sind die CIKs einiger interessanter Investoren, über die man bei der SEC gemeldete Formulare findet.*

weil sie selbst über so viel Kapital verfügt, aber das Portfolio konzentriert ist? In einem solchen Fall geben die Investoren einen strukturellen Vorteil von Kleinanlegern auf. Kleine Unternehmen stehen meist nicht im Fokus der Öffentlichkeit und finden weniger Beachtung durch Analysten, sodass die Wahrscheinlichkeit einer Falschbewertung durch den Markt hier höher ist als bei Unternehmen mit einer sehr hohen Marktkapitalisierung.

Es ist außerdem ratsam, jederzeit gut vorbereitet zu sein. So kann man sich eine Einkaufsliste mit Unternehmen und zugehörigen Preisvorstellungen erstellen, zu denen man das Unternehmen kaufen würde. Natürlich muss man dann eine fundierte Meinung dazu haben, was das Unternehmen wert ist. Ansätze wie „ich kaufe bei einem Kursrückgang von 20%" sind nicht ratsam. Um den Wert eines Unternehmens zu bestimmen, bieten sich die in den Börsenweisheiten des Tages Nr. 59 - 61 vorgestellten Methoden an, welche ich für meine Unternehmensbewertungen verwende und womit ich gute Erfahrungen gemacht habe. Kurzfristig weiß niemand, was die Stimmung an den Märkten beeinflusst, langfristig tendieren Aktien gegen ihren inneren Wert.

Fazit

Ich habe versucht, dir die Grundlagen für das Investieren an der Börse nach der Value Investing Methode beizubringen, dabei grundlegende Begriffe definiert wie, was eine Aktie überhaupt ist oder welchen Order-Zusatz du wählen solltest. Was haben rechtliche Gegebenheiten wie die Höhe der Kapitalertragssteuer mit deiner Anlagestrategie zu tun und welche Vorteile ergeben sich für dich durch eine langfristig orientierte Anlagestrategie?

Die wichtigste Aussage, die du aus dem Kapitel 6 über die Charttechnik mitnehmen solltest lautet: Investieren statt Spekulieren! Du kannst für das Timing beim Kauf einer Aktie zusätzlich prüfen, ob es auch charttechnisch sinnvoll ist, jetzt zu kaufen oder noch zu warten und deine Tranchen für den Kauf einer Aktie an charttechnischen Unterstützungen ausrichten. Ausschlaggebend sollte statt dem Timing aber der zu zahlende Preis für die Aktie sein. Ich habe einige Börsenweisheiten von Warren Buffett zitiert und meine eigenen Erfahrungen einfließen lassen.

Die wichtigste Erkenntnis, die ich auf meiner Suche nach der für mich passenden Anlagestrategie erlangt habe, ist die, dass man sich mit seiner Aktienauswahl wohl fühlen muss. Die Tatsache, dass ich weiß, in was für Unternehmen ich investiere und eine Vorstellung davon habe, was sie wert sind, lässt mich ruhiger schlafen und meine Emotionen kontrollieren, auch wenn ihre Kurse fallen. Denn zeitweise kann es zu absurden Bewertungen an der Börse kommen, langfristig werden diese aber ausgeglichen. Um langfristig erfolgreich zu sein, brauchst du Durchhaltevermögen und musst auch mal zwischenzeitliche Kursstürze von 50% oder sogar noch mehr in Kauf nehmen. Lerne, deine Emotionen zu kontrollieren, rationale Entscheidungen zu treffen und entwickle deine eigene Anlagestrategie, die dich auch emotional schwierige Situationen an der Börse überstehen lässt.

Ich hoffe, dieses Buch hatte einige nützliche Tipps für dich bereit und dass es dir auf deinem Weg vom Börsenneuling zum erfolgreichen Investor weiterhilft. Jetzt liegt es an dir selbst, dein Basiswissen weiter zu vertiefen - vielleicht auch in Themen, die keinen direkten Börsenbezug haben. Rhetorik-Kurse können deinen eigenen Wert enorm steigern, da du das Publikum mit deinen Vorträgen begeistern und dir so Gehör verschaffen kannst. Wenn du nicht kommunizieren kannst, ist es als würdest du im Dunkeln einem Mädchen zuwinken - nichts passiert![173]

---

[173] vgl. Buffett, Warren (2019): Yahoo Finance Interview, `https://au.finance.yahoo.com/news/warren-buffett-definition-success-174700744.html`, 24.07.2020

Anhang

Beispiel Discounted Cashflow Verfahren In der Börsenweisheit des Tages Nr. 58 auf S. 102 habe ich ein Beispiel für die Anwendung der Formeln zur Bewertung einer Aktie versprochen. Der Bilanz, der GuV und der Kapitalflussrechnung des zu analysierenden Unternehmens entnimmst du die folgenden Werte (in €):

Finanzkennzahl	2019	2018	2017	2016
Nettogewinn	81.000	62.000	45.000	27.000
Umlaufvermögen	218.000	180.000	126.000	83.000
Barmittel	128.000	90.000	57.000	33.000
Forderungen	61.000	57.000	55.000	31.000
Vorräte	21.000	28.000	13.000	10.500
Sachanlagen	7.000	2.700	2.000	1.200
kurzfristige Verbindlichkeiten	33.000	42.000	36.000	28.000
langfristige Verbindlichkeiten	1.200	200	6.100	8.300
Eigenkapital	226.000	183.000	130.000	98.000
Goodwill und sonstige immaterielle Vermögenswerte	41.000	42.000	43.000	43.000
Abschreibungen	2.800	1.900	1.800	1.600
Investitionen	1.600	800	1.100	800
Dividende pro Aktie	0,16	0,13	0,10	0,05
Aktienkurs zum Jahresende	14	22	20	11
ausstehende Aktien	115.000	115.000	115.000	115.000

Tabelle 11.4: *Die Kennzahlen findest du in der GuV, der Bilanz und Kapitalflussrechnung. Am besten betrachtest du einen noch längeren Zeitraum als vier Jahre.*

Mit den obigen Werten berechnest du die folgenden Größen:
Es handelt sich hier im Beispiel um ein junges Unternehmen, das

Finanzkennzahl	2019	2018	2017	2016
Working Capital	185.000	138.000	90.000	55.000
Owner Earnings	129.200	111.100	80.700	53.800
KGV	20	41	51	47
Ausschüttungsquote	22,7%	24,1%	25,6%	21,3%

Tabelle 11.5: *Die angegebenen Größen lassen sich in wenigen Schritten mit den Angaben aus den vorherigen Kapiteln berechnen. Die Owner Earnings sind dabei nicht immer leicht mit der nötigen Präzision zu bestimmen.*

noch stark wächst und noch Wachstumspotential aufweist. Trotz der jungen betrieblichen Historie ist die Entwicklung recht kontinuierlich und sehr positiv. Das Wachstum schwächt sich allerdings etwas ab. In 2020 rechnet das Management aufgrund der Corona-Krise mit einem niedrigeren Wachstum ohne eine genaue Zielgröße zu nennen, danach soll aber ein Markteintritt in Frankreich erfolgen. Bisher ist das Unternehmen nur in Großbritannien, Deutschland und den Niederlanden tätig. Daher kann im Folgejahr wieder eine höhere Wachstumsrate angenommen werden. Auch wenn die Kosten anfangs den Gewinn schmälern bietet der Markteintritt in Frankreich langfristig eine großartige Chance. Die historischen Wachstumsraten der Nettogewinne in den letzten Jahren waren:

Jahr j	Historische Wachstumsrate
2019	31%
2018	38%
2017	67%

Tabelle 11.6: *Die Wachstumsrate der Nettogewinne war in der Vergangenheit sehr hoch, schwächte sich aber jedoch bereits deutlich ab. Langfristig sind nicht so hohe Wachstumsraten zu erwarten.*

Um eine nachhaltige Wachstumsrate zu ermitteln, haben wir in der Börsenweisheit des Tages Nr. 62 eine Möglichkeit kennen gelernt.

Anhang

Für 2019 ergibt sich eine Wachstumsrate r_{2019}:

$$r_{2019} = \frac{\text{Nettogewinn - Dividenden - Abschreibungen}}{\text{Eigenkapital + langfristiges Fremdkapital}}$$
$$= \frac{81.000 - 0,16 \cdot 115.000 - 2.800}{226.000 + 1.200} = 26\%.$$

Betrachtet man noch die anderen Jahre, ergibt sich weiter:

Jahr	Modifizierte sustainable growth rate
2018	25%
2017	23%
2016	18%

Tabelle 11.7: *Mit den entsprechenden Kennzahlen der Jahre ergeben sich aus der Börsenweisheit des Tages Nr. 62 die oben dargestellten nachhaltigen Wachstumsraten. Sie können als grober Richtwert für das zukünftige Wachstum angesetzt werden. Es ist durchaus sinnvoll, mehrere Jahre zu betrachten, um erkennen zu können, wie sensitiv die Formel ist.*

Für unser Beispiel nehmen wir die folgenden Wachstumsraten an:

Jahr j	Wachstumsrate r_j
1	12%
2	25%
3	25%
4	20%
5	20%
6	15%
7	15%
8	10%
9	10%
10	10%

Tabelle 11.8: *Die Wachstumsrate sollte unternehmensindividuell festgelegt werden und begründbar sein. Die hier angenommenen Wachstumsraten sind vorsichtig gewählt und liegen sowohl unter den historisch erreichten Wachstumsraten, als auch unter den Raten, die sich aus der Formel für die modifizierte sustainable growth rate ergeben.*

Liquidierung des Unternehmens Gehen wir davon aus, dass der Geschäftsbetrieb eingestellt wird, können wir alle Vermögenswerte im Unternehmen veräußern. Nicht alle in der Bilanz geführten Vermögensgegenstände können ohne Abschlag auf ihren Buchwert verkauft werden. Wir gehen vor wie in der Börsenweisheit des Tages Nr. 59 und erhalten mit dem Goodwill g, den immateriellen Vermögenswerten V^i, der Anzahl der ausstehenden Aktien n und den von Graham und Dodd vorgeschlagenen Abschlägen A_i, wobei i ein Platzhalter für die jeweilige Bilanzposition ist, für den inneren Wert V einer Aktie (alle Angaben in €):

$$\begin{aligned} V &= \frac{EK_0 - g - V^i - \sum_i A_i \cdot i}{n} \\ &= \frac{226.000 - 41.000 - (10\% \cdot 61.000 + 25\% \cdot 21.000 + 50\% \cdot 7.000)}{115.000} \\ &= \frac{185.000 - 14.850}{115.000} \\ &= 1,48. \end{aligned}$$

Wir haben den Liquidationswert des Unternehmens mit den von Graham und Dodd vorgeschlagenen Mindestabschlägen zu $1,48$ € pro Aktie berechnet. Mit den Maximalabschlägen ergibt sich analog $V = 1,32$ €. Auch wenn die Abschläge sehr unterschiedlich groß sind, bekommen wir hier eine ziemlich genaue Vorstellung vom Liquidationswert des Unternehmens.

Cashflow eines Investors Wir gehen aber im Normalfall davon aus, dass das Geschäft fortgeführt wird. Uns interessieren daher weniger die Vermögenswerte, sondern eher die Ertragskraft der Unternehmung. Mit der Wachstumsrate r_j der Gewinne im Jahr j und einer konstanten Ausschüttungsquote von 23%, die sich an der historischen Ausschüttungsquote orientiert, bestimmen sich beispielsweise die Gewinne pro Aktie[174] G_3 und Dividenden pro Aktie D_3 im Jahr 3 wie folgt:

---

[174]Der Gewinn pro Aktie wird häufig mit EPS abgekürzt und ist die Abkürzung für die englische Bezeichnung *earnings per share*.

Anhang

$$G_3 = \frac{G_0}{n} \cdot \prod_{k=1}^{3}(1+r_k)$$
$$= \frac{81.000}{115.000} \cdot (1+12\%) \cdot (1+25\%) \cdot (1+25\%)$$
$$= 1,23,$$

$$D_3 = 23\% \cdot 1,23$$
$$= 0,28.$$

Für die restlichen Jahre ergibt sich analog:

Jahr j	Gewinn G_j	Dividende D_j
1	0,79	0,18
2	0,99	0,23
3	1,23	0,28
4	1,48	0,34
5	1,77	0,41
6	2,04	0,47
7	2,35	0,54
8	2,58	0,59
9	2,84	0,65
10	3,12	0,72

Tabelle 11.9: *Mit den geschätzten zukünftigen Wachstumsraten lassen sich die Gewinne und Dividenden abschätzen.*

Für den Investor ergeben sich aus den Dividendenzahlungen und dem Verkauf der Aktie am Ende des Betrachtungszeitraum die folgenden Cashflows CF_j im Jahr j:

$$CF_j = \begin{cases} D_j, & \text{wenn } j \leq 9, \\ D_{10} + KGV \cdot G_{10}, & \text{wenn } j = 10. \end{cases}$$

Das historische KGV liegt zwar deutlich höher, aber da sich das Wachstum bereits abschwächt und kein Unternehmen langfristig mit

Wachstumsraten von weit über 30% wachsen kann, setzt du in deiner Kalkulation im zehnten Jahr ein vorsichtiges KGV von 12 ein. Eingesetzt in die Formel aus dem Discounted Cashflow Verfahren ergibt sich mit einem Diskontierungszins von $i = 8\%$:

$$\sum_{j=1}^{10} CF_j \cdot (1+i)^{-j} = \sum_{j=1}^{9} D_j \cdot (1+8\%)^{-j} + (D_{10} + KGV \cdot G_{10}) \cdot (1+8\%)^{-10}$$
$$= \frac{D_1}{1,08} + \frac{D_2}{1,08^2} + \cdots + \frac{D_9}{1,08^9} + \frac{D_{10} + KGV \cdot G_{10}}{1,08^{10}}$$
$$= 20,07.$$

Bei einer Renditeerwartung von 8% p.a. solltest du also nicht mehr als 20,07 € für die Aktie bezahlen. Ein niedrigerer Kaufpreis würde dir eine Sicherheitsmarge auf deine Kalkulation geben.

Bewertung des Unternehmens mit den Owner Earnings Statt nur den Cashflow des Investors zu betrachten, schaust du dir nun das Unternehmen als Ganzes an. In der Börsenweisheit des Tages Nr. 61 haben wir die Methode hierzu kennen gelernt, die wir nun im obigen Beispiel anwenden.

Grundlage ist hier die Bestimmung der Owner Earnings als Cashflows. Zu Beginn kannst du zusätzlich ungebundenes Kapital hinzurechnen. Wir hatten als Näherung für das eingesetzte Kapital K_0^{ein} die folgende Formel beschrieben:

$$K_0^{ein} = \text{Umlaufvermögen}$$
$$- \text{Barmittel}$$
$$+ \text{langfristige Verbindlichkeiten}$$
$$+ \text{Nettoanlagevermögen}.$$

Im Beispiel ergibt sich:

$$K_0^{ein} = 218.000 - 128.000 + 1.200 + 7.000$$
$$= 98.200.$$

Wenn wir das Ansetzen des ungebundenen Kapitals als Cashflow CF_0 interpretieren, ergibt sich für die Cashflows im Jahr j mit dem Eigenkapital EK_0:

Anhang

$$CF_j = \begin{cases} EK_0 - K_0^{ein}, & \text{wenn } j = 0, \\ OE_j, & \text{wenn } j \geq 1. \end{cases}$$

Der obigen Tabelle 11.4 kannst du den Wert für die aktuellen Owner Earnings OE_0 entnehmen.

Mit der Wachstumsrate r_j im Jahr j bestimmen sich die Owner Earnings OE_j im Jahr j aus den aktuellen Owner Earnings OE_0 zu

$$OE_j = OE_0 \cdot \prod_{k=1}^{j}(1+r_k).$$

Somit ergeben sich beispielsweise die Owner Earnings (in €) im Jahr $j = 3$ zu:

$$\begin{aligned} OE_3 &= OE_0 \cdot \prod_{k=1}^{3}(1+r_k) \\ &= 129.200 \cdot (1+r_1) \cdot (1+r_2) \cdot (1+r_3) \\ &= 129.200 \cdot (1+12\%) \cdot (1+25\%) \cdot (1+25\%) \\ &= 226.100. \end{aligned}$$

Insgesamt ergeben sich auf die gleiche Weise die Owner Earnings der anderen Jahre zu:

Sei nun $i = 8\%$ unsere Renditeerwartung. Dies setzen wir als Diskontierungszins an.

Die Anzahl der im freien Umlauf befindlichen Aktien hat sich in den letzten Jahren nicht verändert. Es wurden also weder neue Aktien ausgegeben, noch Aktien zurückgekauft. Wir gehen davon aus, dass dies auch in den nächsten Jahren so bleibt. Dann bestimmt sich der innere Wert einer Aktie (in €) mit der Anzahl n der im freien Umlauf befindlichen Aktien zu:

Jahr j	Owner Earnings OE_j (in €)
1	144.704
2	180.880
3	226.100
4	271.320
5	325.584
6	374.422
7	430.585
8	473.643
9	521.008
10	573.108

Tabelle 11.10: *Die künftigen Owner Earnings werden durch die aktuellen Owner Earnings und eine Hochrechnung mit einer Wachstumsrate bestimmt.*

$$\begin{aligned}\frac{\sum_{j=0}^{10} CF_j \cdot (1+i)^{-j}}{n} &= \frac{\frac{CF_0}{(1+i)^0} + \frac{CF_1}{(1+i)^1} + \frac{CF_2}{(1+i)^2} + \cdots + \frac{CF_9}{(1+i)^9} + \frac{CF_{10}}{(1+i)^{10}}}{115.000} \\ &= \frac{EK_0 - K_0^{ein} + \frac{OE_1}{1,08} + \frac{OE_2}{1,08^2} + \cdots + \frac{OE_9}{1,08^9} + \frac{OE_{10}}{1,08^{10}}}{115.000} \\ &= \frac{127.800 + \frac{144.704}{1,08} + \frac{180.880}{1,1664} + \cdots + \frac{521.008}{1,9990} + \frac{573.108}{2,1689}}{115.000} \\ &= \frac{2.286.541}{115.000} \\ &= 19,88.\end{aligned}$$

Bei einer Renditeerwartung von 8% pro Jahr, beträgt der innere Wert der Aktie somit 19,88 €. Durch den Corona-Crash konntest du die Aktie zu einem Schnäppchenpreis von 9,89 € kaufen. Du hättest die Aktie also nach dieser Methode mit einem Abschlag von ca. 50% auf den inneren Wert kaufen können. Diese Sicherheitsmarge auf deine Kalkulation beschert dir eine Überrendite von ca. 4% pro Jahr. Die Überrendite bei Angleichen des Marktpreises an den tatsächlichen Wert wirst du erstens nicht gleichmäßig erreichen und zweitens ist dies natürlich niemals garantiert, denn dies ist sehr stark von deinen Annahmen und der tatsächlichen Unternehmensentwicklung, aber auch von der allgemeinen Zinssituation, abhängig.

In diesem Beispiel haben wir hohe Wachstumsraten angenommen. Wenn das Wachstum nachlässt wie hier im Beispiel, dann ist es sinnvoll, nicht ein historisches KGV anzusetzen, das noch das starke Wachstum widerspiegelt, sondern ein niedrigeres, dem Wachstum angemessenes KGV.

Es kann bei den verschiedenen Berechnungsmethoden für den inneren Wert einer Aktie zu erheblichen Diskrepanzen kommen. Für deine Kaufentscheidung kann es durchaus sinnvoll sein, beide Berechnungen durchzuführen. Wenn du von einer Liquidierung des Unternehmens ausgehst und die Vermögenswerte verkauft werden sollen, siehst du, dass das Unternehmen nach dieser Methode ganz und gar nicht günstig bewertet war. Die Bewertung ist nur durch die Gewinne und die hohen Wachstumsraten zu rechtfertigen, nicht durch die Vermögenssituation des Unternehmens.

Wörterbuch Da du eventuell auch in amerikanische Unternehmen investieren möchtest und dich entsprechend in englischsprachigen Geschäftsberichten zurechtfinden musst, habe ich dir hier noch ein Wörterbuch mit gängigen Begriffen aus der Rechnungslegung zusammengestellt.

Anhang

Deutsch	Englisch
Abschreibung auf materielle Vermögensgegenstände (z.B. Gebäude, Maschinen)	depreciation
Abschreibung immaterieller Vermögensgegenstände (z.B. Patente)	amortization
Aktiva	assets
Anlagevermögen	non current assets
Bilanz	balance sheet
Bruttoergebnis	gross profit
Bruttomarge	gross margin
eigene Anteile in der Bilanz	treasury stock
Fabrik	plant
Forderungen aus Lieferungen und Leistungen	accounts receivable
Forschung und Entwicklung	research and development
Gewinn- und Verlustrechnung	income statement
Goodwill	goodwill
immaterielle Vermögenswerte	intangible assets
Kapitalflussrechnung	cashflow statement
marktfähige Wertpapiere (kurzfristig veräußerbar)	marketable securities
materiell	tangible
Nettogewinn	net income
Passiva	liabilities
Rohstoffe	raw materials
Rückstellung für Einkommenssteuer	provision for income taxes
Sachanlagen	property, plant and equipement
Umlaufvermögen	current assets
Umsatz	sales, revenue
Verbindlichkeiten aus Lieferungen und Leistungen	accounts payable
verwässert	diluted
Vorräte	inventories
Wertminderung	impairment
Wertminderung durch Abbau natürlicher Ressourcen (z.B. Minen, Ölfelder)	depletion

Englisch	Deutsch
accounts payable	Verbindlichkeiten aus Lieferungen und Leistungen
accounts receivable	Forderungen aus Lieferungen und Leistungen
amortization	Abschreibung immaterieller Vermögensgegenstände (z.B. Patente)
assets	Aktiva
balance sheet	Bilanz
cashflow statement	Kapitalflussrechnung
current assets	Umlaufvermögen
depletion	Wertminderung durch Abbau natürlicher Ressourcen (z.B. Minen, Ölfelder)
depreciation	Abschreibung auf materielle Vermögensgegenstände (z.B. Gebäude, Maschinen)
diluted	verwässert
goodwill	Goodwill
gross margin	Bruttomarge
gross profit	Bruttoergebnis
impairment	Wertminderung
income statement	Gewinn- und Verlustrechnung
intangible assets	immaterielle Vermögenswerte
inventories	Vorräte
liabilities	Passiva
marketable securities	marktfähige Wertpapiere (kurzfristig veräußerbar)
net income	Nettogewinn
non current assets	Anlagevermögen
plant	Fabrik
property, plant and equipement	Sachanlagen
provision for income taxes	Rückstellung für Einkommenssteuer
raw materials	Rohstoffe
research and development	Forschung und Entwicklung
revenue	Umsatz
sales	Umsatz
tangible	materiell
treasury stock	eigene Anteile in der Bilanz

Literaturverzeichnis

[1] Boch, Robert L. (2015): *My Warren Buffett Bible*, New York: Skyhorse Publishing, Inc.

[2] Buffett, Mary (2019): *So liest Warren Buffett Unternehmenszahlen*, 5. Auflage, Kulmbach: Börsenbuchverlag

[3] Buffett, Warren (1983): Owner's Manual, https://www.berkshirehathaway.com/ownman.pdf, 24.07.2020

[4] Buffett, Warren (1987): Brief an die Aktionäre von Berkshire Hathaway 1986, https://www.berkshirehathaway.com/letters/1986.html, 24.07.2020

[5] Buffett, Warren (1988): Brief an die Aktionäre von Berkshire Hathaway 1987, https://www.berkshirehathaway.com/letters/1987.html, 24.07.2020

[6] Buffett, Warren (1988): Jahresbericht von Berkshire Hathaway 1987

[7] Buffett, Warren (1989), Brief an die Aktionäre von Berkshire Hathaway 1988: https://www.berkshirehathaway.com/letters/1988.html, 24.07.2020

[8] Buffett, Warren (1990), Brief an die Aktionäre von Berkshire Hathaway 1989: https://www.berkshirehathaway.com/letters/1989.html, 24.07.2020

[9] Buffett, Warren (1992), Brief an die Aktionäre von Berkshire Hathaway 1991: https://www.berkshirehathaway.com/letters/1991.html, 24.07.2020

[10] Buffett, Warren (1993), Brief an die Aktionäre von Berkshire Hathaway 1992: https://www.berkshirehathaway.com/letters/1992.html, 24.07.2020

[11] Buffett, Warren (1995), Brief an die Aktionäre von Berkshire Hathaway 1994: https://www.berkshirehathaway.com/letters/1994.html, 24.07.2020

[12] Buffett, Warren (1997), Brief an die Aktionäre von Berkshire Hathaway 1996: https://www.berkshirehathaway.com/letters/1996.html, 24.07.2020

[13] Buffett, Warren (2002), Brief an die Aktionäre von Berkshire Hathaway 2001: https://www.berkshirehathaway.com/letters/2001pdf.pdf, 24.07.2020

[14] Buffett, Warren (2009), Brief an die Aktionäre von Berkshire Hathaway 2008: https://www.berkshirehathaway.com/letters/2008ltr.pdf, 24.07.2020

[15] Buffett, Warren (2010): Brief an die Aktionäre von Berkshire Hathaway 2009, https://www.berkshirehathaway.com/letters/2009ltr.pdf, 24.07.2020

[16] Buffett, Warren (2014): Berkshire Hathaway annual report 2013, https://www.berkshirehathaway.com/2013ar/2013ar.pdf, 24.07.2020

[17] Buffett, Warren (2014): Brief an die Aktionäre von Berkshire Hathaway 2013, https://www.berkshirehathaway.com/letters/2013ltr.pdf, 24.07.2020

[18] Buffett, Warren (2017): Brief an die Aktionäre von Berkshire Hathaway 2016: https://www.berkshirehathaway.com/letters/2016ltr.pdf, 24.07.2020

[19] Buffett, Warren (2018): Brief an die Aktionäre von Berkshire Hathaway 2017: https://www.berkshirehathaway.com/letters/2017ltr.pdf, 24.07.2020

[20] Buffett, Warren (2019): Brief an die Aktionäre von Berkshire Hathaway 2018: https://www.berkshirehathaway.com/letters/2018ltr.pdf, 24.07.2020

Literaturverzeichnis

[21] Buffett, Warren (2019): Yahoo Finance Interview, https://au.finance.yahoo.com/news/warren-buffett-definition-success-174700744.html, 24.07.2020

[22] Buffett, Warren (2020): Brief an die Aktionäre von Berkshire Hathaway 2019: https://www.berkshirehathaway.com/letters/2019ltr.pdf, 24.07.2020

[23] Buffett, Warren auf der Jahreshauptversammlung von Berkshire Hathaway 1996: https://buffett.cnbc.com/video/1996/05/06/buffett-and-munger-on-diversification.html, 22.09.2020

[24] Business Insider Deutschland GmbH: https://www.businessinsider.de/strategy/warren-buffett-sagt-ein-wort-unterscheidet-erfolgreiche-menschen-von-anderen-2018-1/, 24.07.2020

[25] businessweek, 1999

[26] Columbia University in the City of New York: https://www8.gsb.columbia.edu/sites/valueinvesting/files/files/Buffett1984.pdf, 22.09.2020

[27] Fisher, Kenneth L. (2018): *You don't need perfect timing, just time, to earn big returns in the stock market*, Tysons Corner: USA Today

[28] Fisher, Philip A. (2003): *Common Stocks and Uncommon Profits*, Hoboken: Wiley & Sons Inc.

[29] Forbes Media LLC: https://www.forbes.com/profile/warren-buffett/, 24.07.2020

[30] Goedhart, Marc & Raj, Rishi & Saxena, Abhishek (2010): *Equity analysts: Still too bullish*, McKinsey & Company, https://www.mckinsey.com/business-functions/strategy-and-corporate-finance/our-insights/equity-analysts-still-too-bullish, 24.07.2020

[31] Graham, Benjamin (2010): *Intelligent Investieren*, 10. Auflage, München: FinanzBuch Verlag

[32] Graham, Benjamin und Dodd, David L. (2018): *Wertpapieranalyse*, 6. Auflage, München: FinanzBuch Verlag

[33] Heldt, Cordula: https://wirtschaftslexikon.gabler.de/definition/aktienindex-30756, 24.07.2020

[34] HGB (2020)

[35] IAS (2020): https://www.iasplus.com/de/standards/ias/, 24.07.2020

[36] IFRS (2020): https://www.iasplus.com/de/standards/ifrs/, 24.07.2020

[37] Information table for form 13f von Berkshire Hathaway Inc. (14.02.2020): https://www.sec.gov/Archives/edgar/data/1067983/000095012320002466/xslForm13F_X01/form13fInfoTable.xml, 24.07.2020

[38] Insider Inc.: https://www.businessinsider.com/warren-buffett-modest-home-bought-31500-looks-2017-6?IR=T, 24.07.2020

[39] Kunhardt, Peter W., *Becoming Warren Buffett*, New York: HBO, 2006

[40] MacGrath, Tom: *The Boss Baby*, Kalifornien: DreamWorks SKG, 2017

[41] Mihaljevic, John (2020): *Das Value Investing Handbuch*, 4. Auflage, München: FinanzBuch Verlag

[42] ntv Nachrichtenfernsehen GmbH: https://www.n-tv.de/wirtschaft/der_boersen_tag/Der-Boersen-Tag-am-Freitag-29-Maerz-2019-article20935546.html, 24.07.2020

[43] https://www.quotemaster.org/q78ec93df73ad0edaa13f731d04a8f7d8, 27.09.2020

[44] Schroeder, Alice (2008): *The Snowball*, 1. Auflage, New York: Bantam Books

[45] Train, John (1987): *The Midas Touch*, New York: Harper & Row Publishers, Inc.

[46] Vittner, Thomas und Fritsch, Andreas (2012): *Börsenerfolg beginnt im Kopf*, 1. Auflage, Kulmbach: Börsenbuchverlag

[47] Weber, Jürgen und Weißenberger, Barbara E. (2006): *Einführung in das Rechnungswesen*, 7. Auflage, Stuttgart: Schäffer-Poeschl Verlag

Über den Autor

Foto: Ralf Berndt

Der Autor Florian Stanlein interessierte sich bereits früh für Aktien und Geldthemen allgemein. Er studierte von 2009 bis 2014 Mathematik an der RWTH in Aachen und arbeitet heute als Aktuar in der Versicherungsbranche. In Warren Buffett fand er ein großes Vorbild, das seinen eigenen Anlagestil entscheidend geprägt hat.

www.ingramcontent.com/pod-product-compliance
Lightning Source LLC
Chambersburg PA
CBHW020431220526
45464CB00002B/652